I0832562

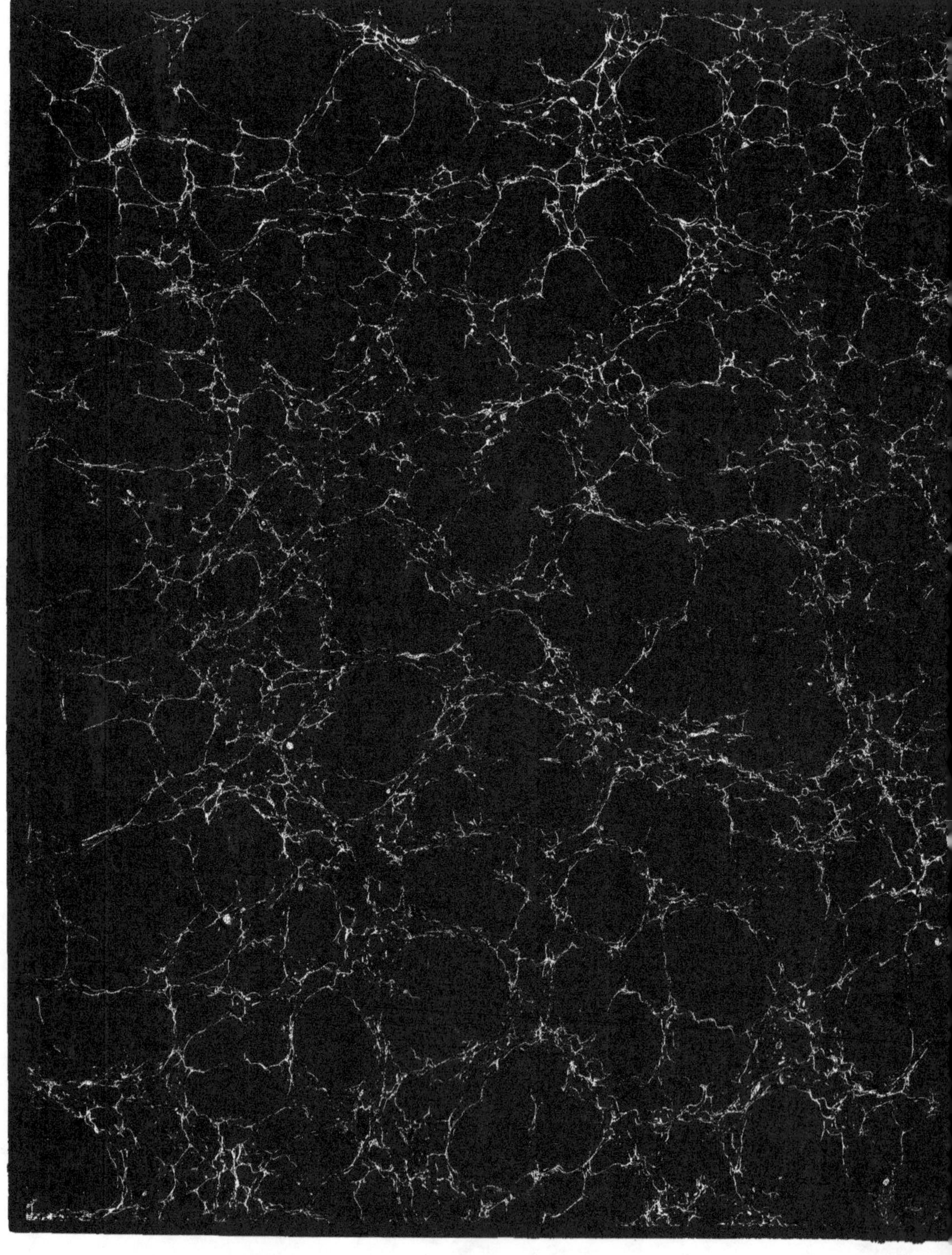

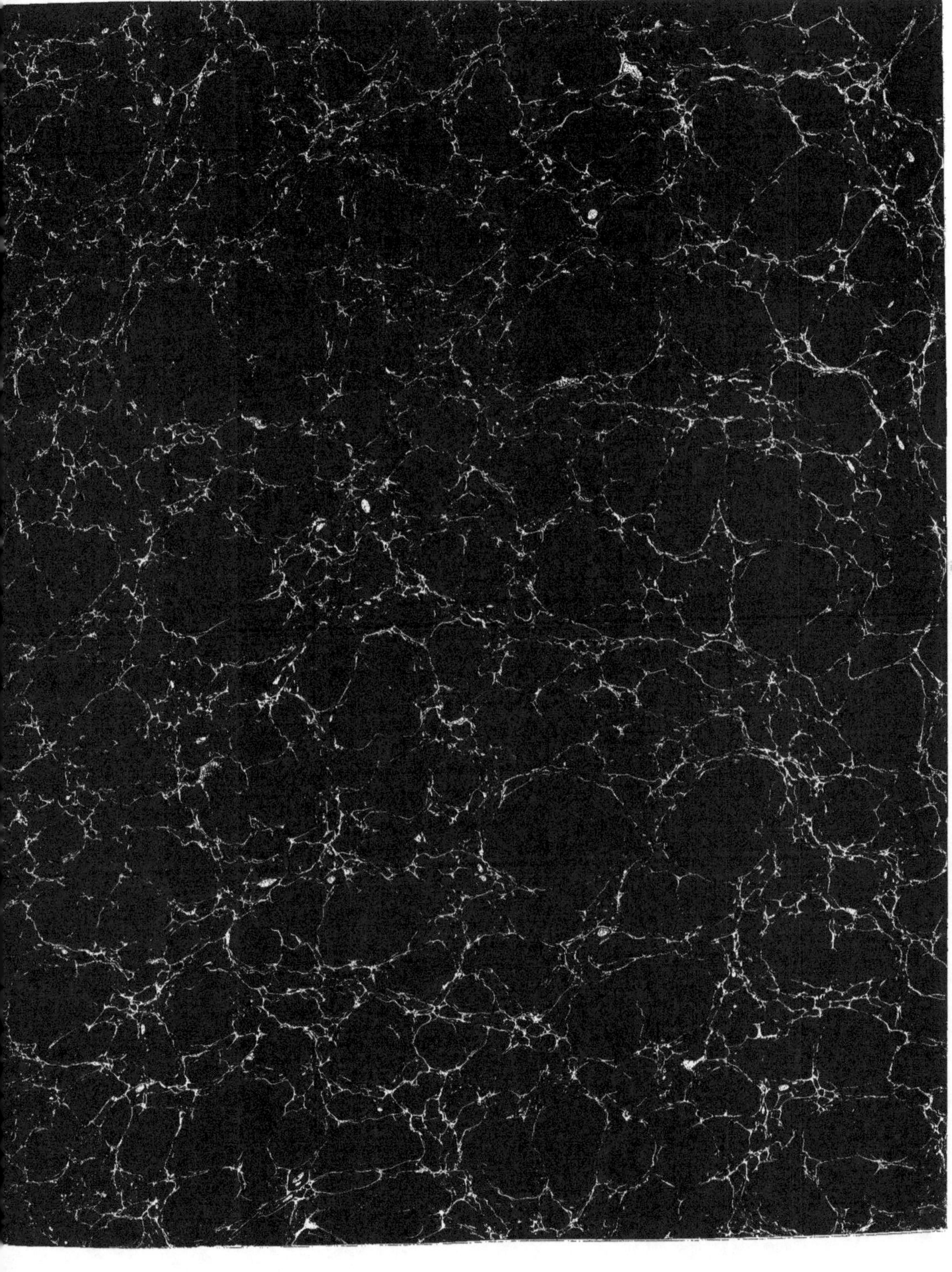

JERUSALEM

PARIS. — IMPRIMERIE DE J. CLAYE
RUE SAINT-BENOIT, 7

JÉRUSALEM

ÉTUDE

ET

REPRODUCTION PHOTOGRAPHIQUE

DES

MONUMENTS DE LA VILLE SAINTE

DEPUIS L'ÉPOQUE JUDAÏQUE JUSQU'A NOS JOURS

PAR

AUGUSTE SALZMANN

Chargé par le Ministère de l'Instruction publique d'une mission scientifique en Orient

PLANCHES

TOME PREMIER

PARIS

GIDE ET J. BAUDRY, LIBRAIRES-ÉDITEURS

RUE BONAPARTE, 5

1856

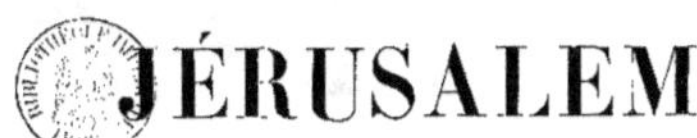

JÉRUSALEM

PARIS — IMPRIMERIE DE J. CLAYE
RUE SAINT-BENOIT, 7

JÉRUSALEM

ÉTUDE

ET

REPRODUCTION PHOTOGRAPHIQUE

DES

MONUMENTS DE LA VILLE SAINTE

DEPUIS L'ÉPOQUE JUDAÏQUE JUSQU'A NOS JOURS

PAR

AUGUSTE SALZMANN

Chargé par le Ministère de l'Instruction publique d'une mission scientifique en Orient

PLANCHES

PARIS

GIDE ET J. BAUDRY, LIBRAIRES-ÉDITEURS

RUE BONAPARTE 5

1856

TABLE

DES

PLANCHES DU TOME PREMIER

MONUMENTS JUDAÏQUES

ANTIQUITÉS JUDAÏQUES, GRECQUES ET ROMAINES

Paris. — Imprimerie J. Claye, rue Saint-Benoît, 7

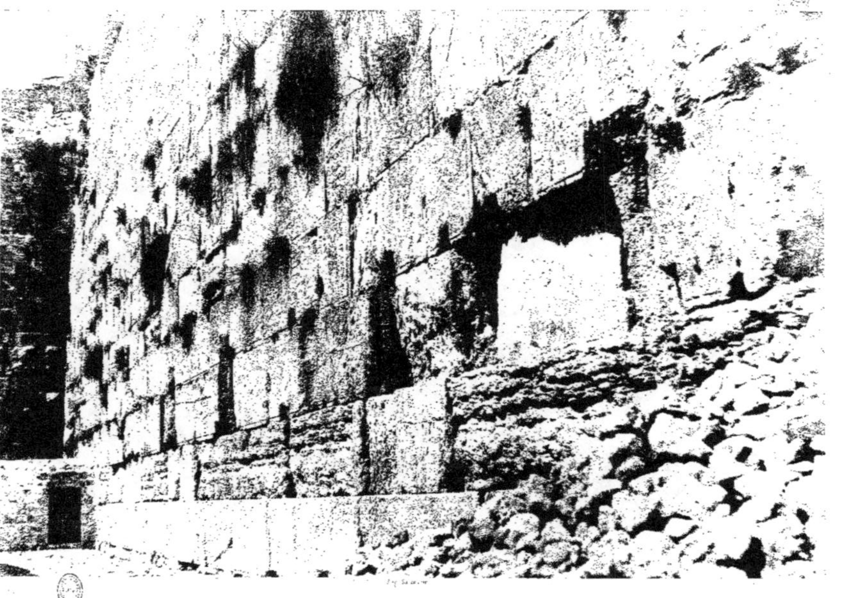

JÉRUSALEM

ENCEINTE DU TEMPLE, CÔTÉ OUEST

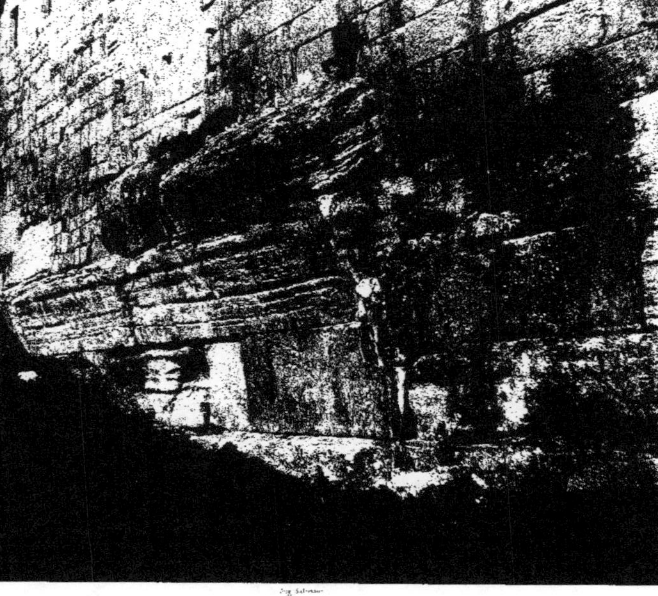

JÉRUSALEM

ENCEINTE DU TEMPLE

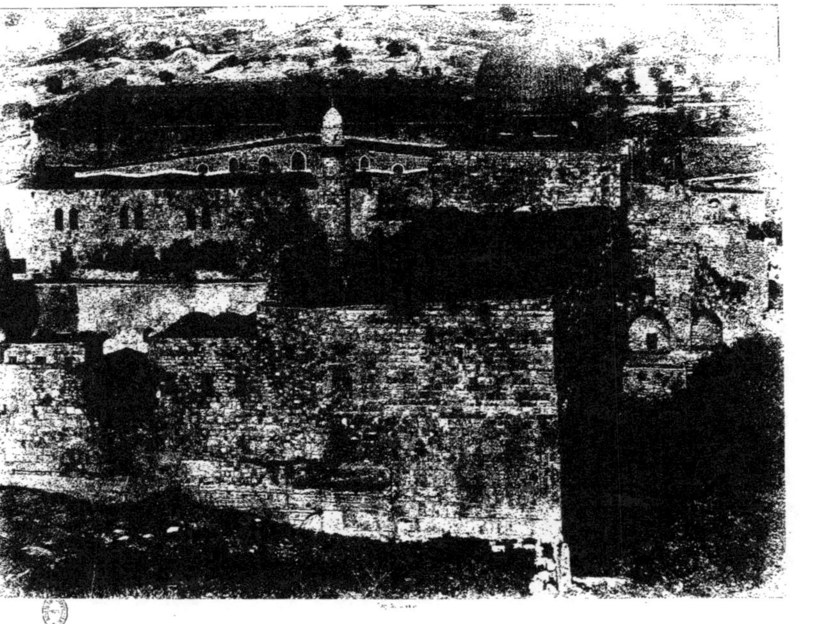

JÉRUSALEM

ENCEINTE DU TEMPLE

Mosquée El-Aksa, angle Sud-Ouest

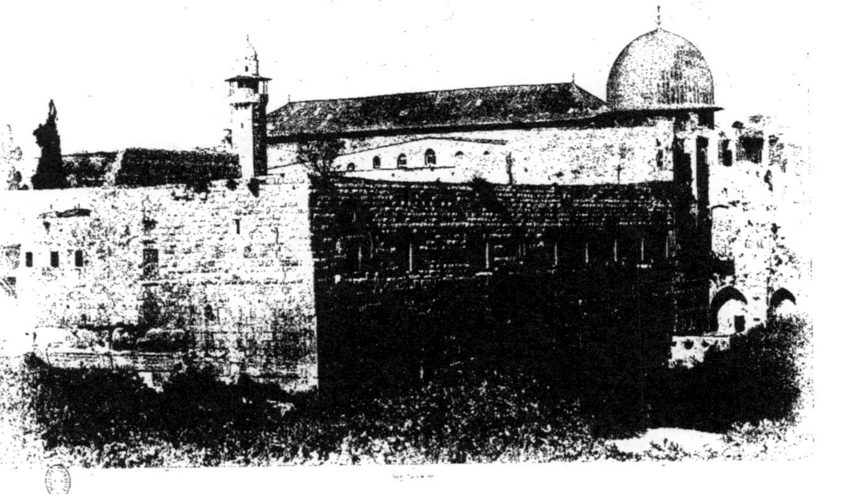

JÉRUSALEM

ENCEINTE DU TEMPLE

Face Sud ou Angle Sud-Ouest

Imp. Photogr. de Blanquart-Evrard, à Lille

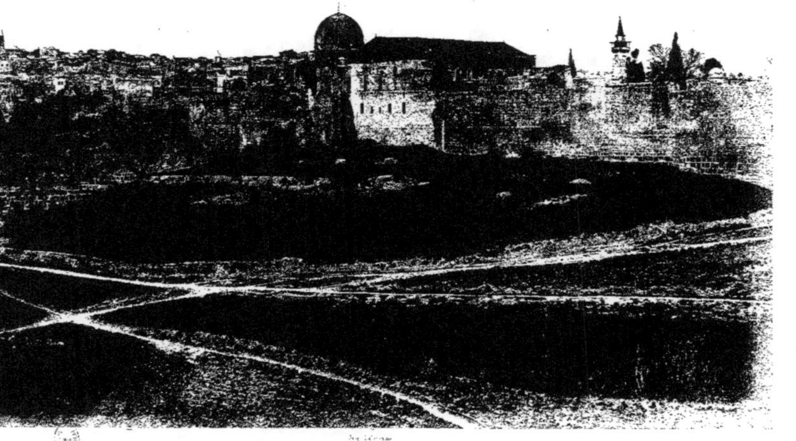

JÉRUSALEM

ENCEINTE DU TEMPLE

Vue générale de la face Sud

1

26.

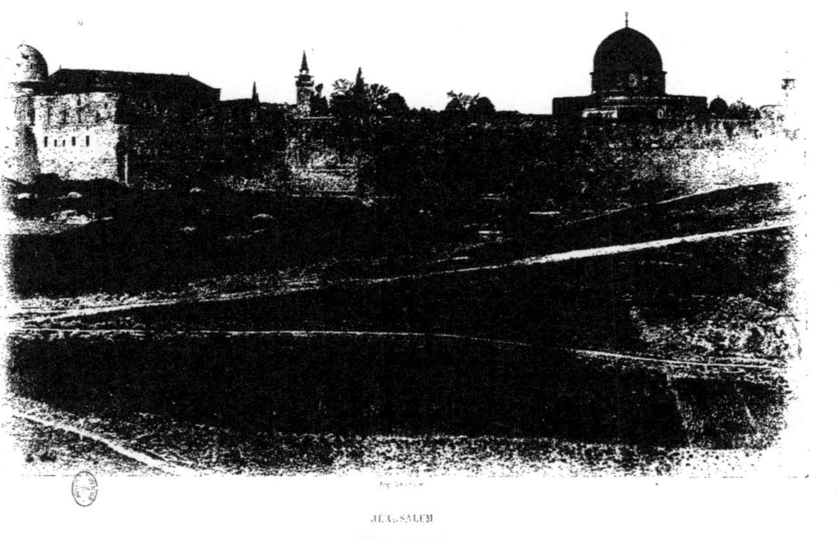

JÉRUSALEM

ENCEINTE DU TEMPLE

Vue générale de la face Sud

J. 7.

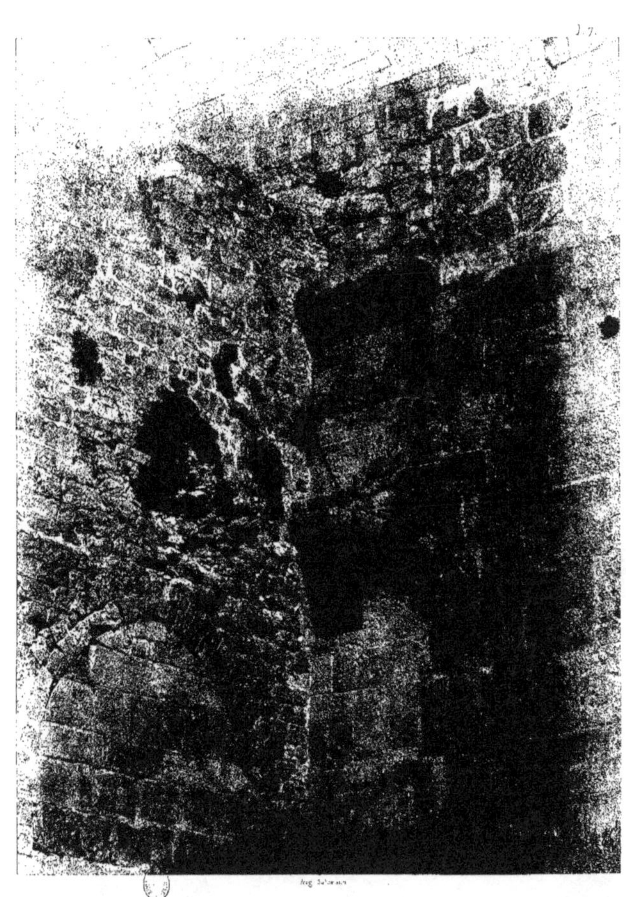

Aug. Salzmann

JÉRUSALEM

ENCEINTE DU TEMPLE

Porte hérodienne.

J. Baudry, éditeurs

Imp. Photogr. de Blanquart-Evrard, à Lille

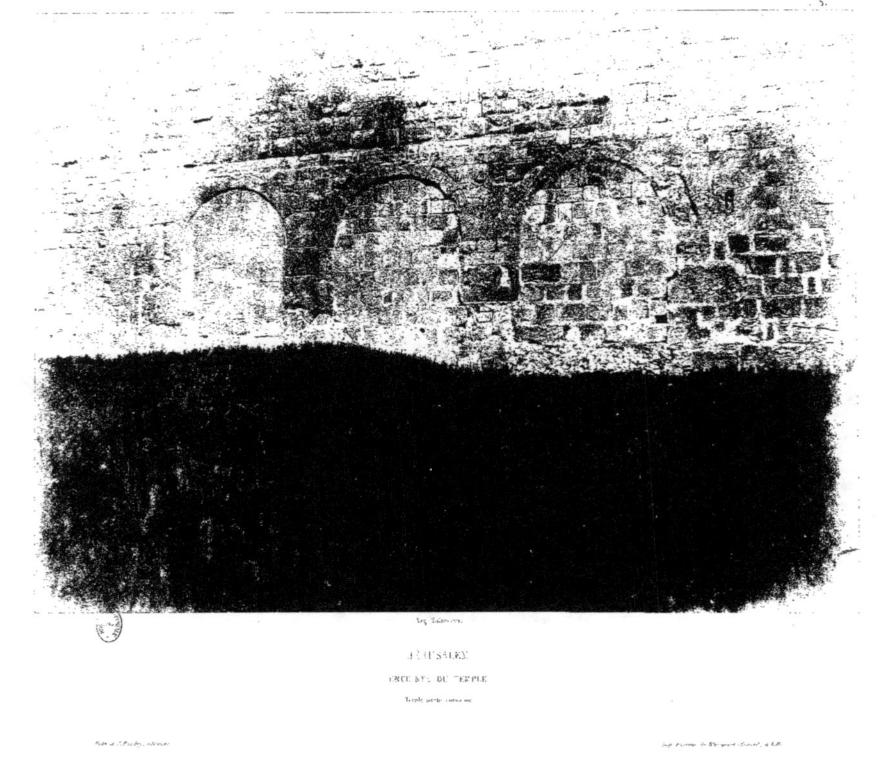

Aug. Salzmann.

JÉRUSALEM

ENCEINTE DU TEMPLE

Triple porte romaine

I. 9.

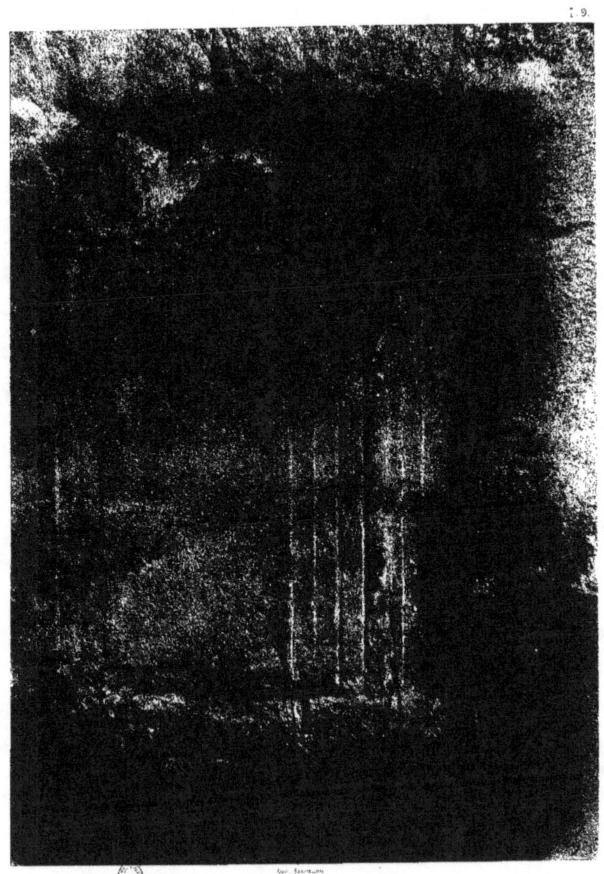

Aug. Salzmann

JÉRUSALEM

ENCEINTE DU TEMPLE

Moulure judaïque formant pied-droit

de l'une des portes ...

Gide et J. Baudry, éditeurs

Imp. Photogr. de Blanquart-Evrard, à Lille.

JÉRUSALEM

ENCEINTE DU TEMPLE

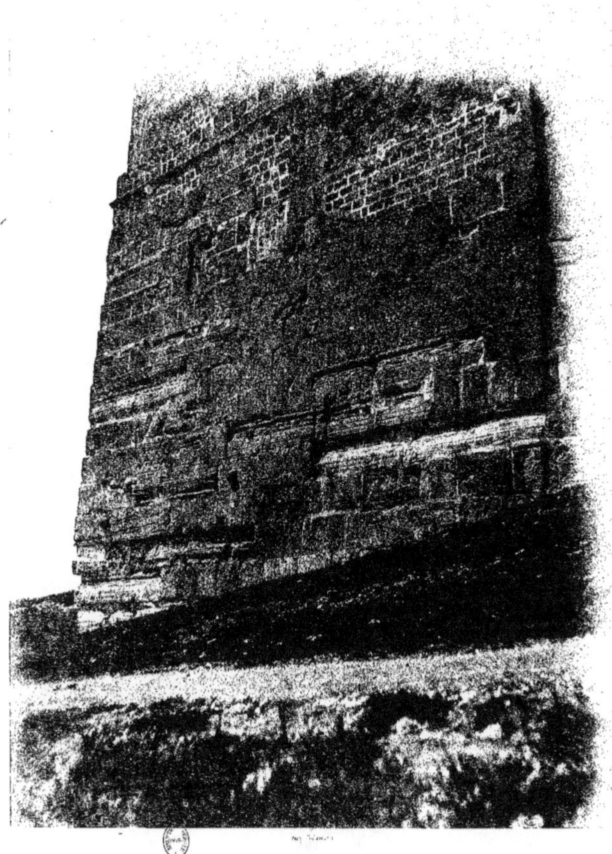

Aug. Salzmann

JÉRUSALEM

ENCEINTE DU TEMPLE

Face Est de l'angle Sud-Est

Gide et J. Baudry, éditeurs.

Imp. Photogr. de Blanquart-Evrard, à Lille.

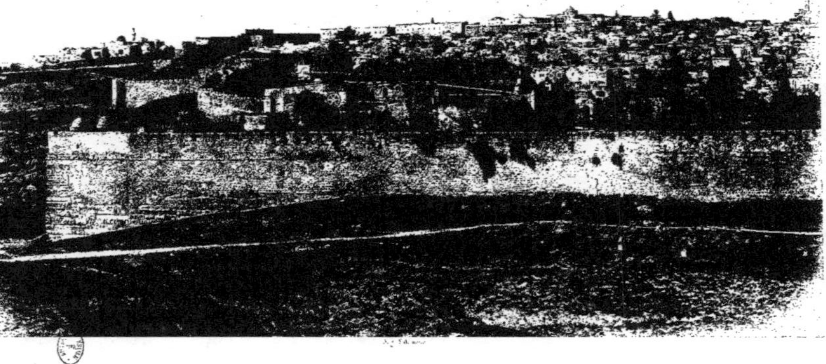

JÉRUSALEM

ENCEINTE DU TEMPLE

Vue générale [illegible]

II. 15.

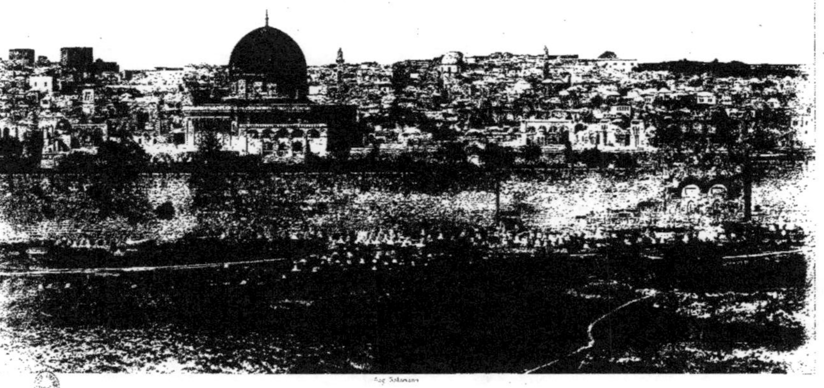

Aug. Salzmann

JÉRUSALEM

ENCEINTE DU TEMPLE

JÉRUSALEM

L'ENCEINTE DU TEMPLE

I. 15.

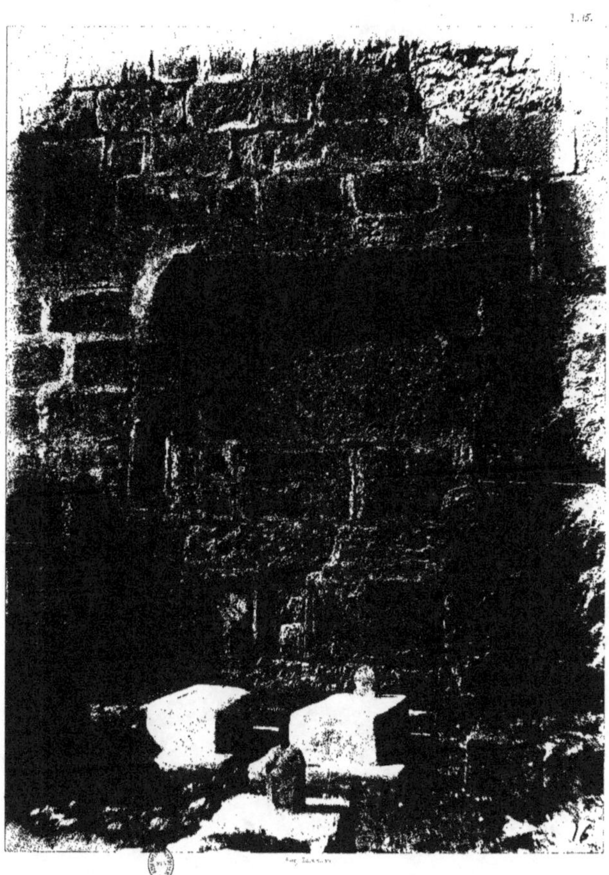

Aug. Salzmann

JÉRUSALEM

ENCEINTE DU TEMPLE

[illegible] de Josaphat

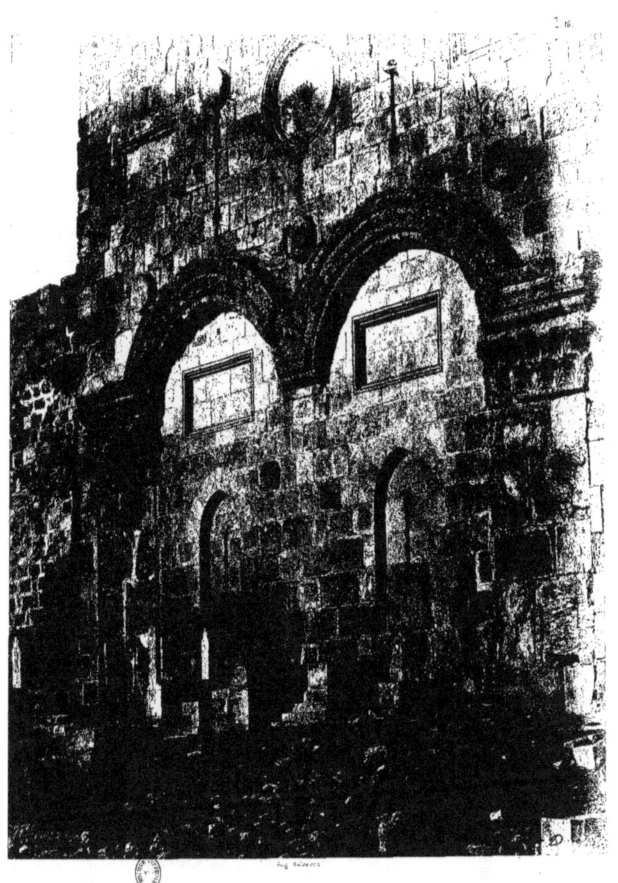

Aug. Salzmann

JÉRUSALEM

ENCEINTE DU TEMPLE

Porte dorée

JÉRUSALEM

ENCEINTE DU TEMPLE

[illegible]

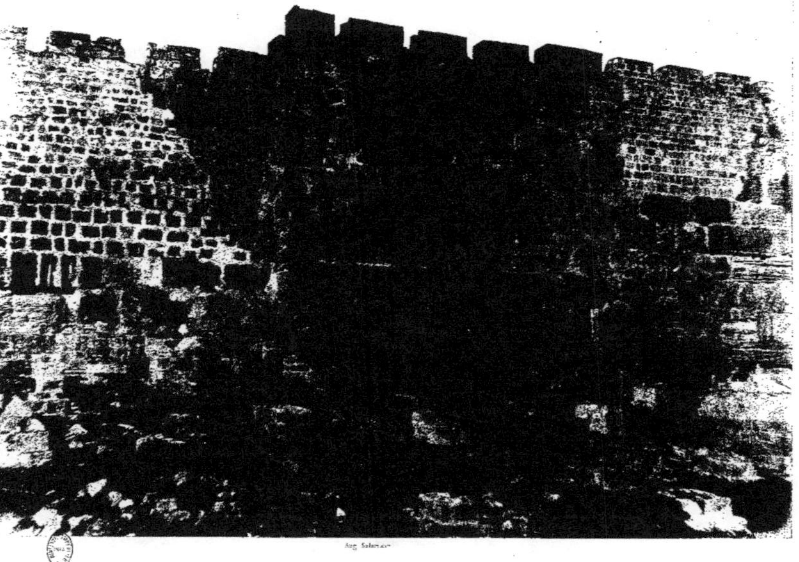

Aug. Salzmann

JÉRUSALEM

ENCEINTE DU TEMPLE.

Face Est, de l'angle Sud-Est.

T. 19.

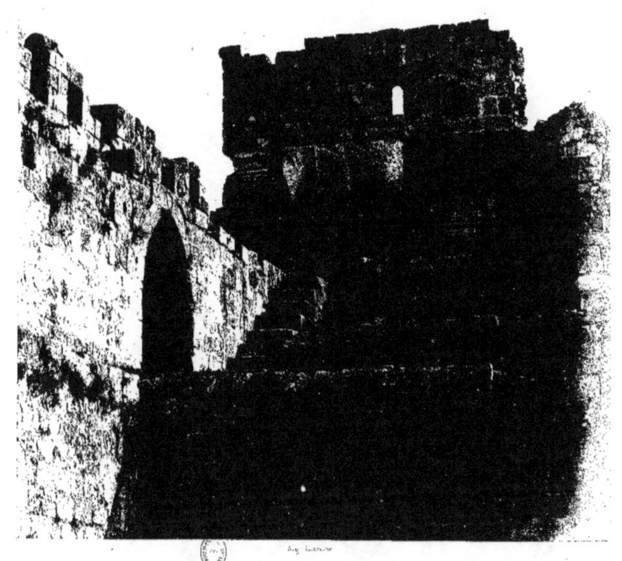

Aug. Salzmann

JÉRUSALEM

ENCEINTE DU TEMPLE

Face Sud de l'angle Nord-Est

JÉRUSALEM

ENCEINTE DU TEMPLE

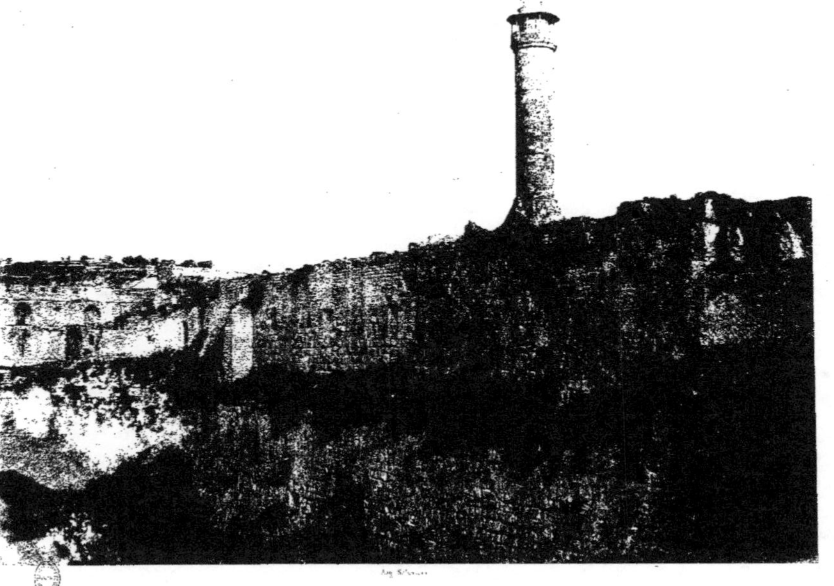

JÉRUSALEM

ENCEINTE DU TEMPLE

2

22

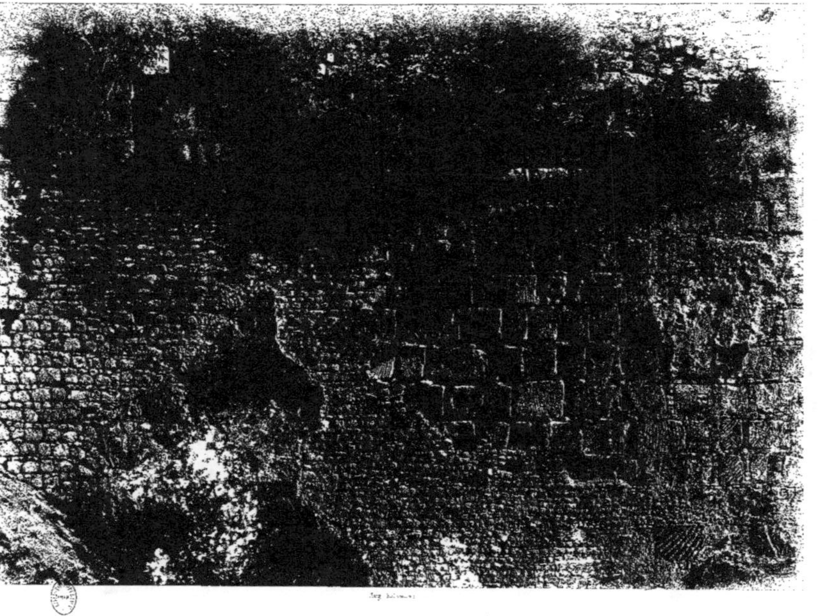

JÉRUSALEM

ENCEINTE DU TEMPLE

Détails de l'appareil de la Piscine probatique

23

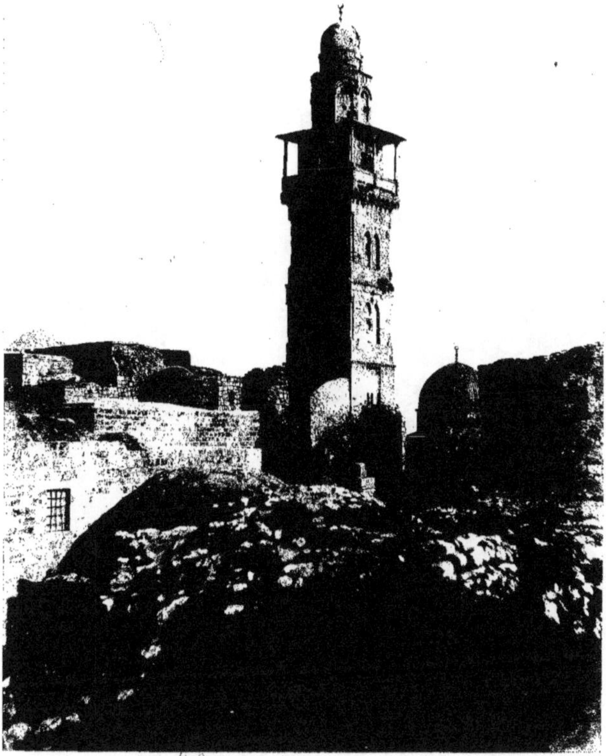

…SALEM

…ENCEINTE…

[illegible]

[illegible]

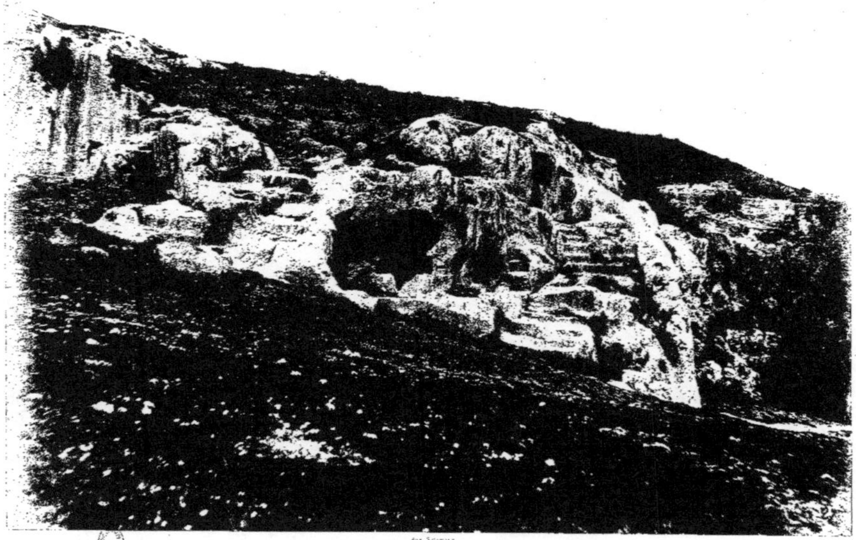

Aug. Salzmann

JÉRUSALEM

VALLÉE DE HINNOM

Tombeaux antiques

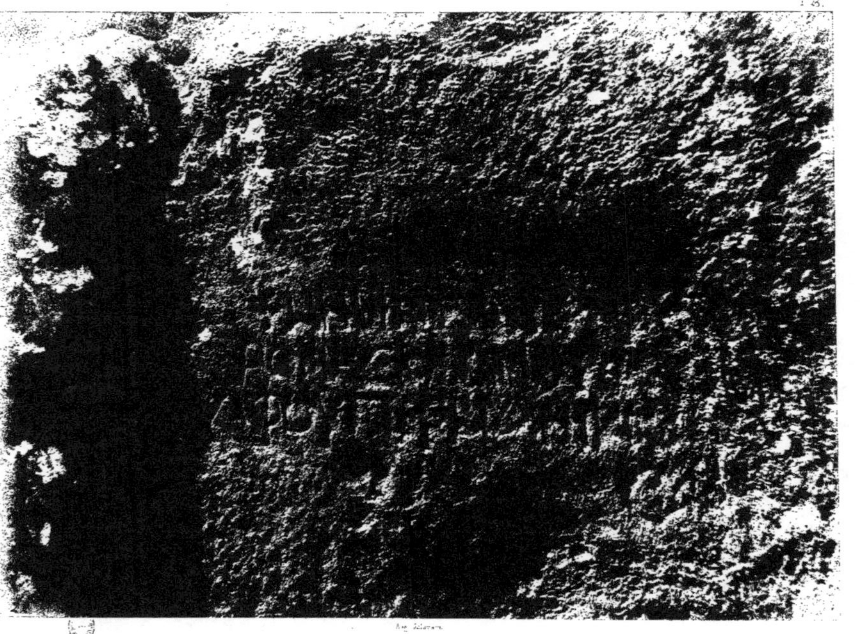

Aug. Salzmann

JÉRUSALEM

VALLÉE DE HINNOM

Inscription grecque

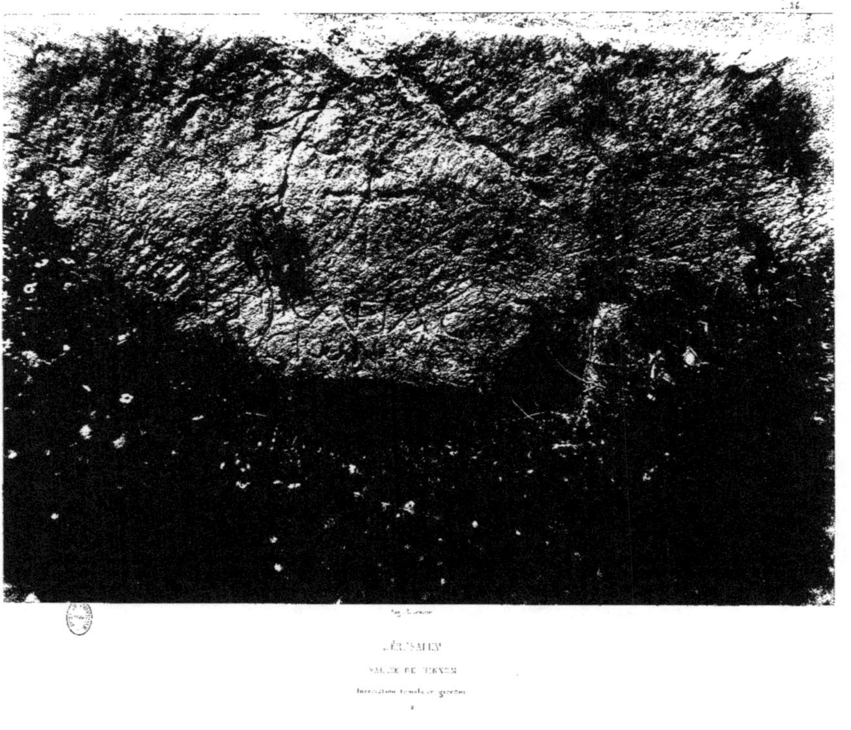

JÉRUSALEM

VALLÉE DE HINNOM

Inscription tumulaire grecque

2

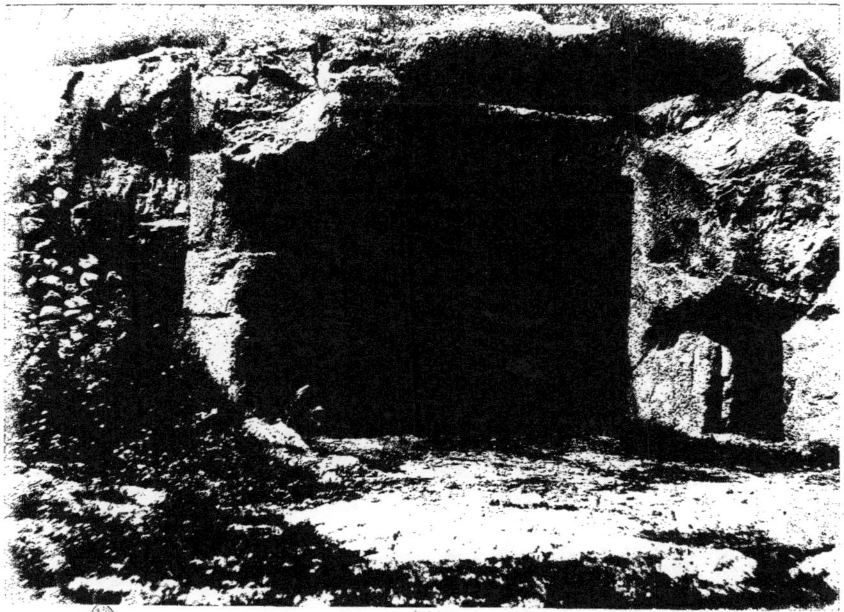

JÉRUSALEM

VALLÉE DE HINNOM

Sépulcre des apôtres

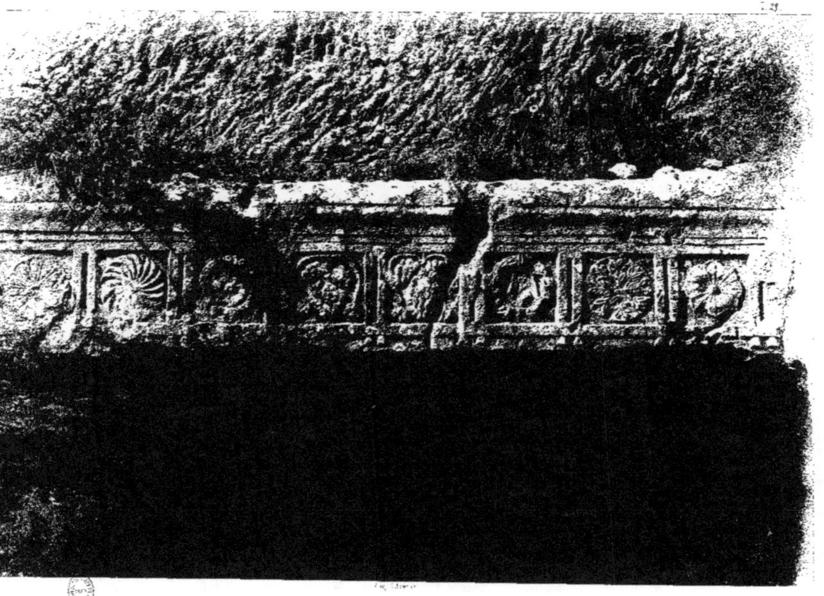

JÉRUSALEM

VALLÉE DE HINNOM

Détails de la frise de [illegible]

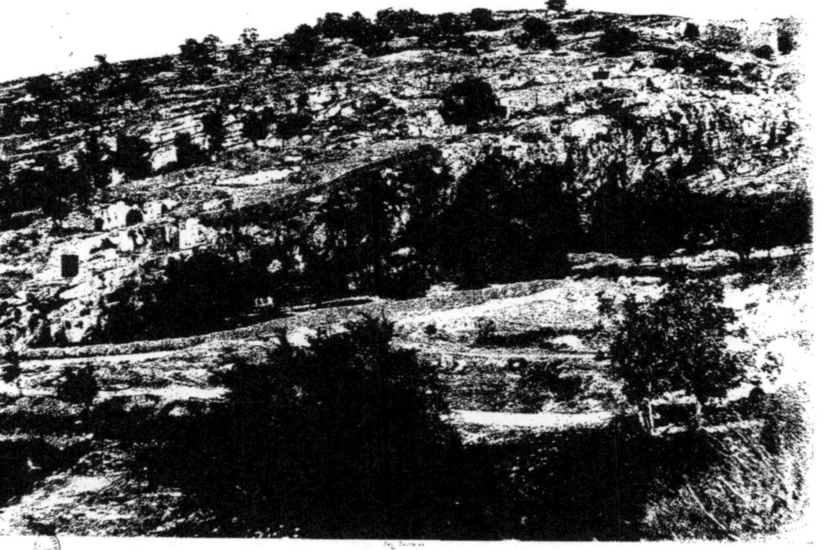

JÉRUSALEM

VALLÉE DE HINNOM

I 30.

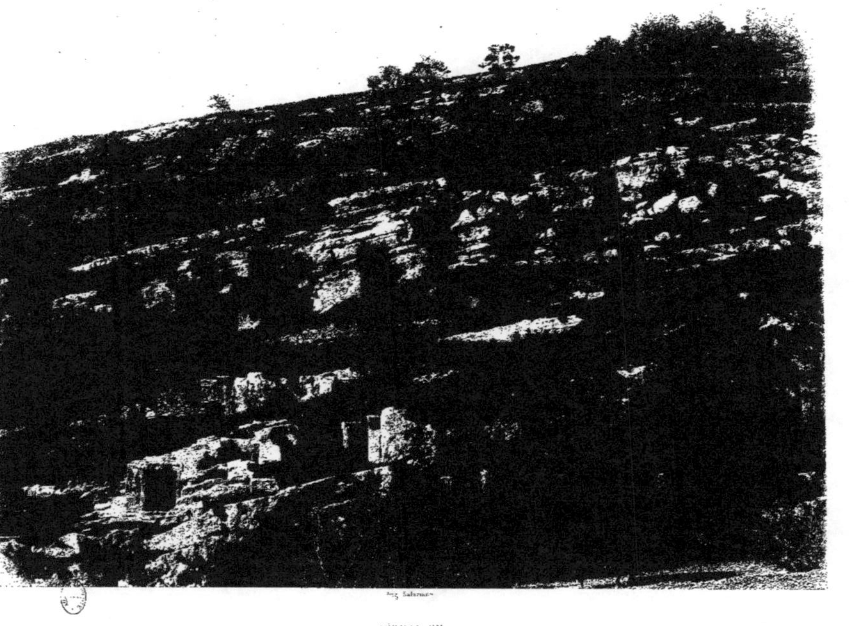

Aug. Salzmann

JÉRUSALEM

VALLÉE DE HINNOM

Détail du Côté droit

J. 31.

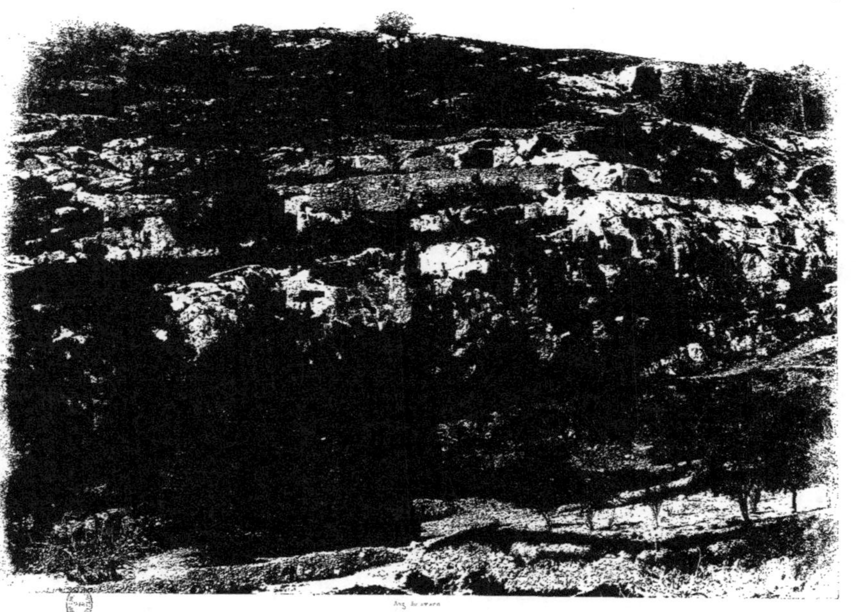

Aug. Salzmann

JÉRUSALEM

VALLÉE DE HINNOM

[illegible]

2

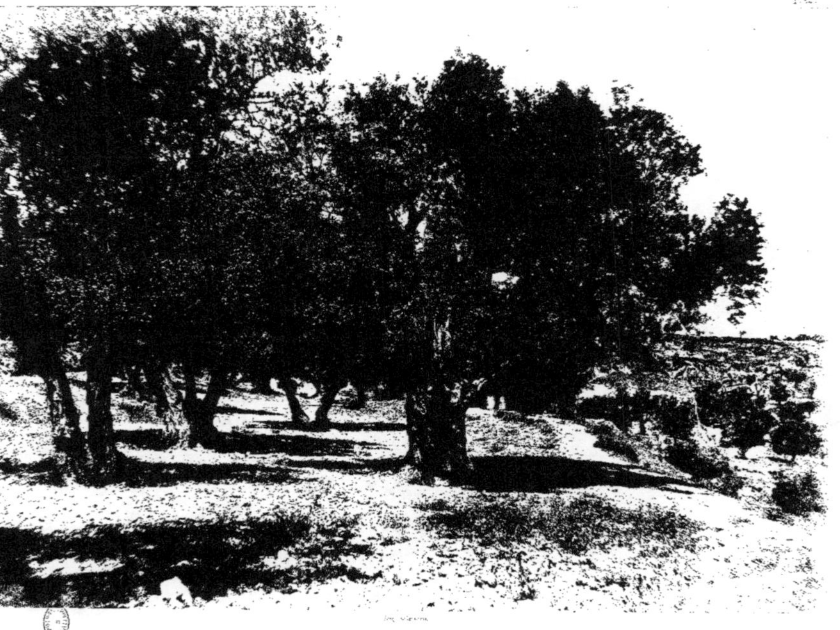

JÉRUSALEM

CHAMP DU SANG

I. 38.

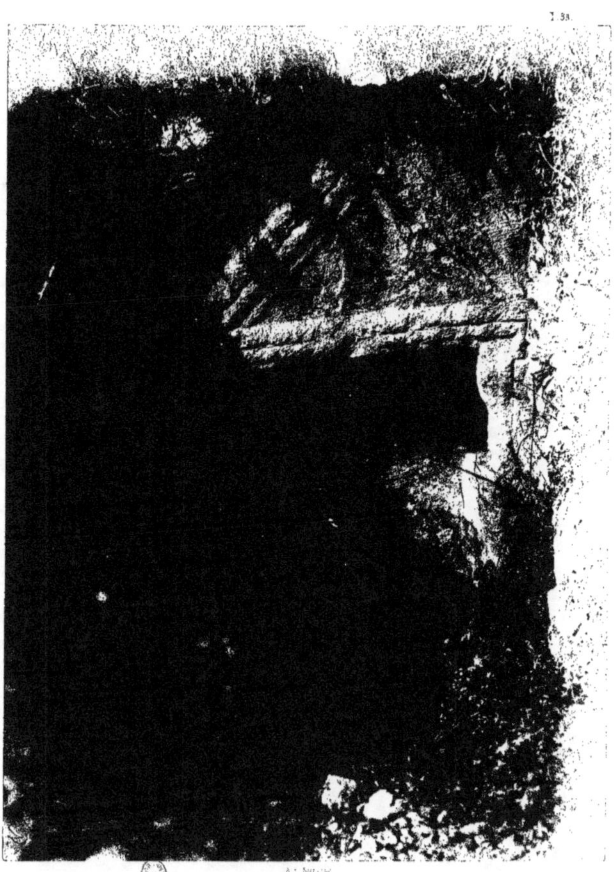

A. S. Salzmann

JÉRUSALEM

VALLÉE DE HINNOM

Tombeau antique à fronton triangulaire et à acrotères

34

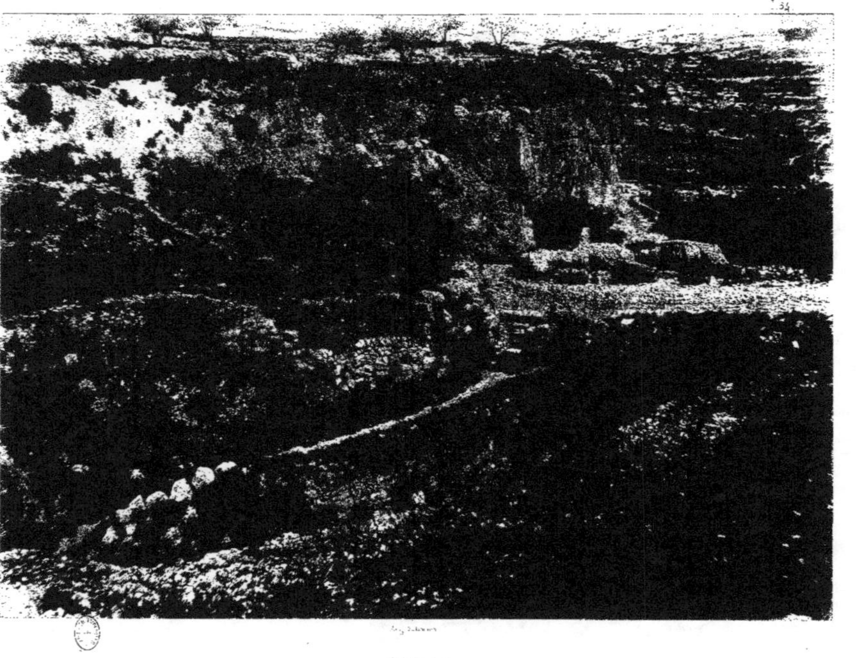

JÉRUSALEM

PISCINE DE SILOÉ

Vue générale

I 35

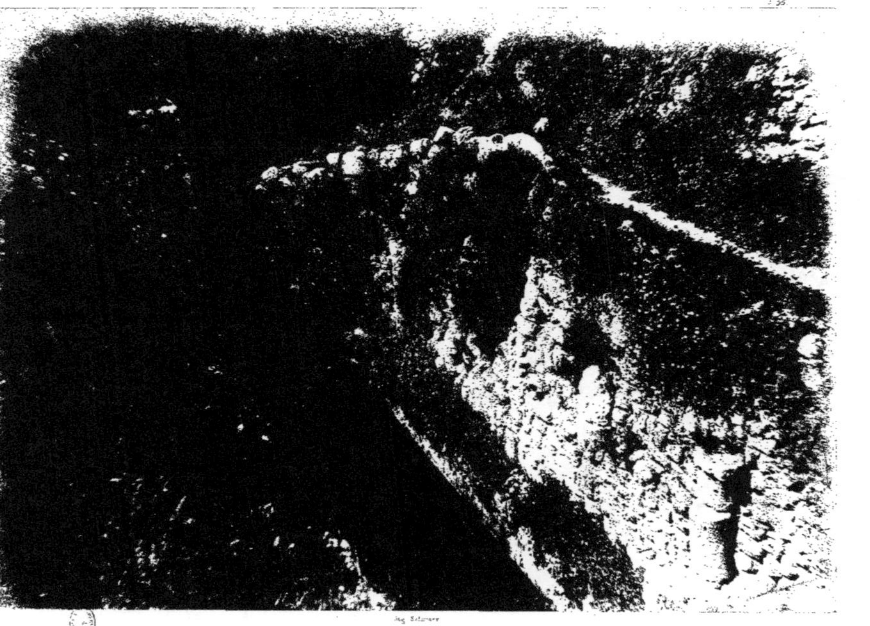

Aug. Salzmann

JÉRUSALEM

PISCINE DE SILOÉ

Détails

Pl. 36

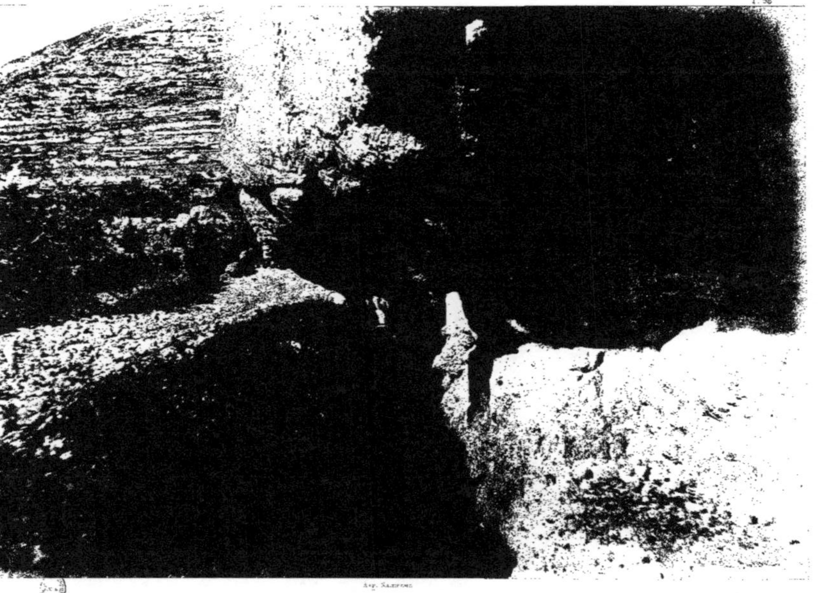

Aug. Salzmann

JÉRUSALEM

PISCINE DE SILOÉ

Canal taillé dans le roc

I 37.

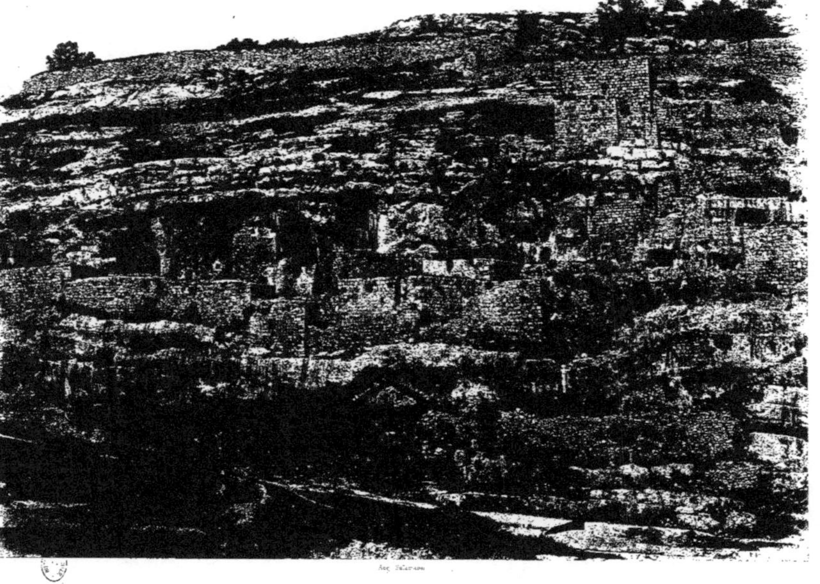

Aug. Salzmann

JÉRUSALEM

VILLAGE DE SILOAM

Vue générale

Gide et J. Baudry, éditeurs

Imp. photogr. de Blanquart-Evrard, à Lille

31

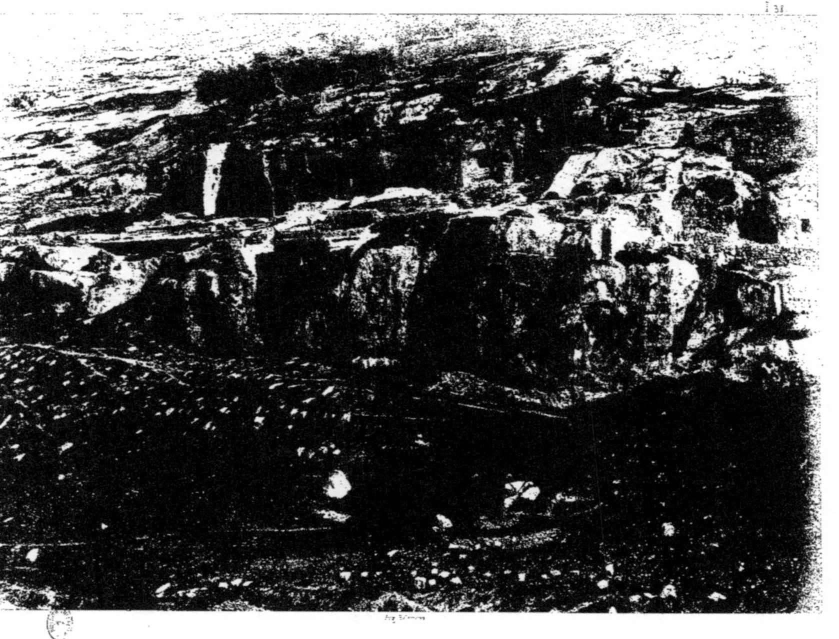

Aug. Salzmann

JÉRUSALEM

VILLAGE DE SILOAM

Monolithe de forme égyptienne

1

Paris, Gide et Baudry, éditeurs

Imp. Photogr. de Blanquart Evrard, à Lille

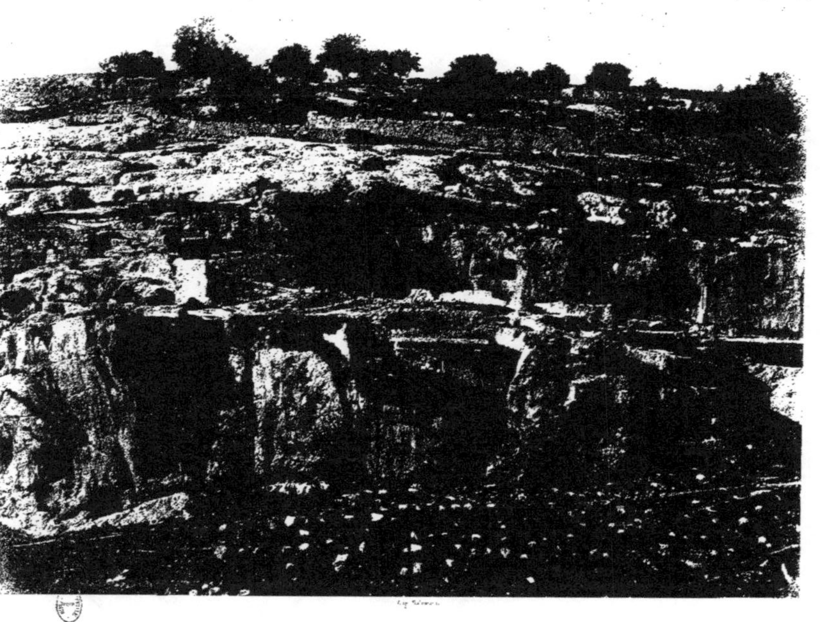

JÉRUSALEM

VILLAGE DE SILOAH

Monolithe de forme égyptienne

2

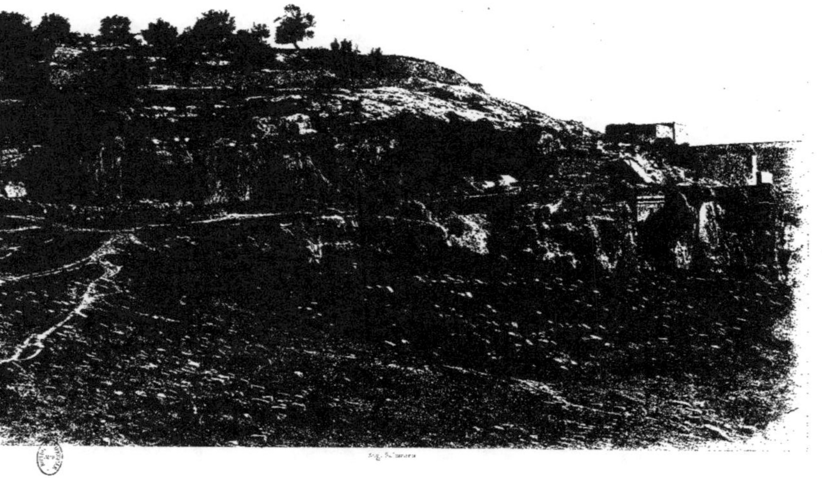

Aug. Salzmann

JÉRUSALEM

VILLAGE DE SILOAM

Monument de forme égyptienne

3

Gide et J. Baudry, éditeurs.

Imp. photogr. de Blanquart-Évrard, à Lille.

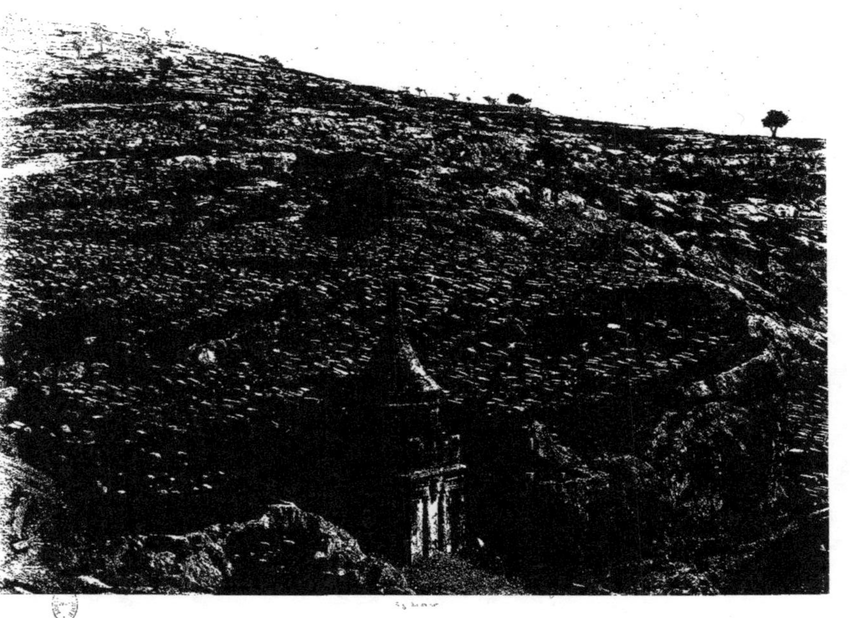

JÉRUSALEM

VALLÉE DE JOSAPHAT

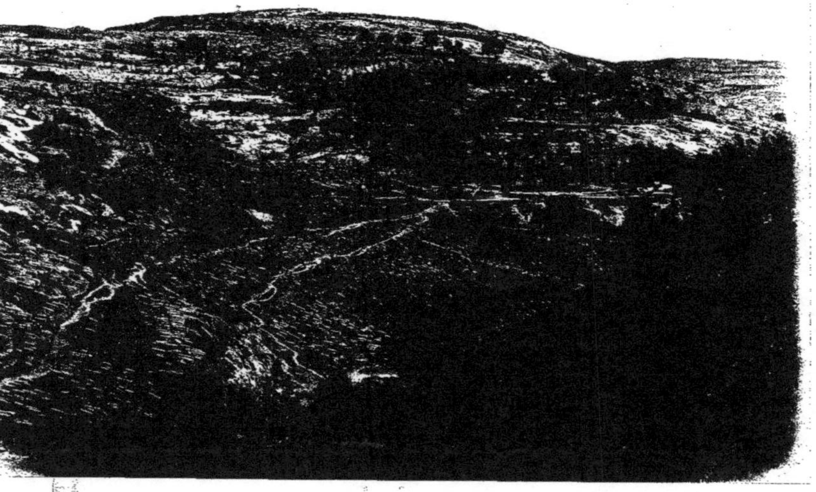

JÉRUSALEM

VALLÉE DE JOSAPHAT

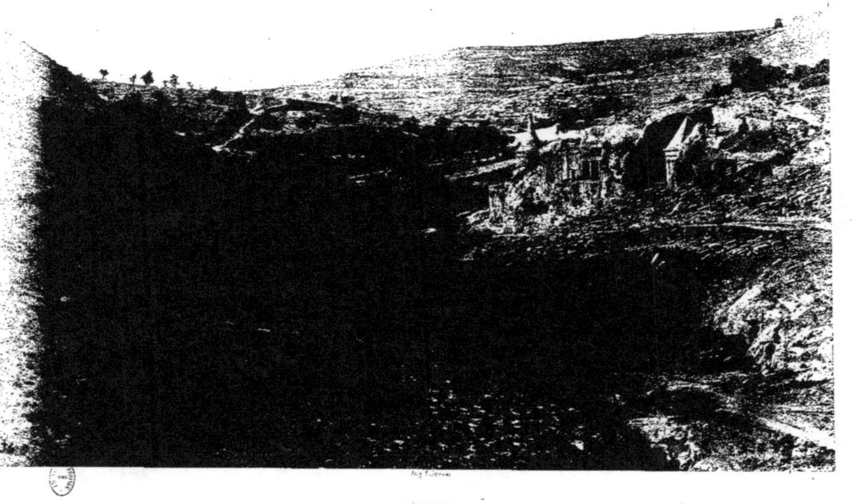

Aug. Salzmann

JÉRUSALEM

VALLÉE DE JOSAPHAT

Vue générale

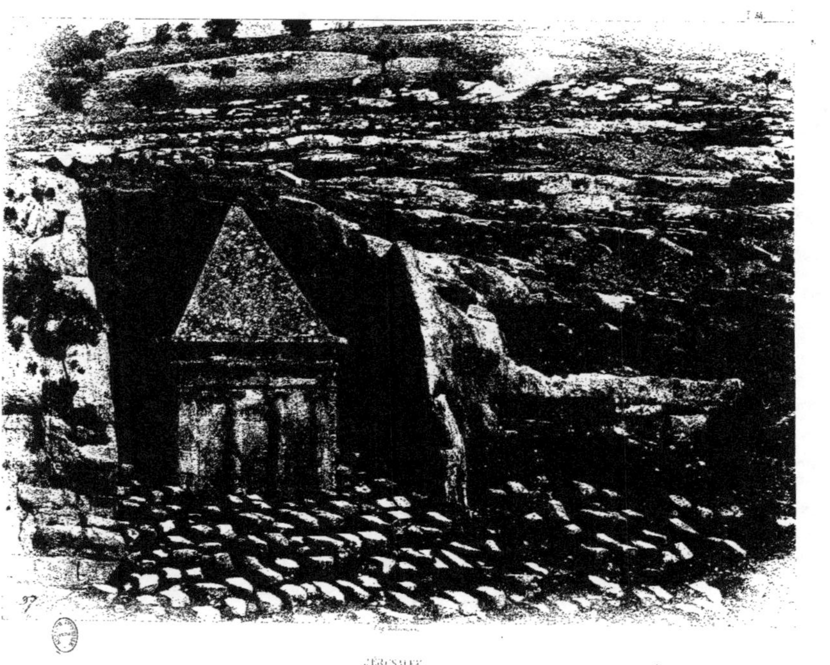

JÉRUSALEM

VALLÉE DE JOSAPHAT

Tombeau de Zacharie

I 45

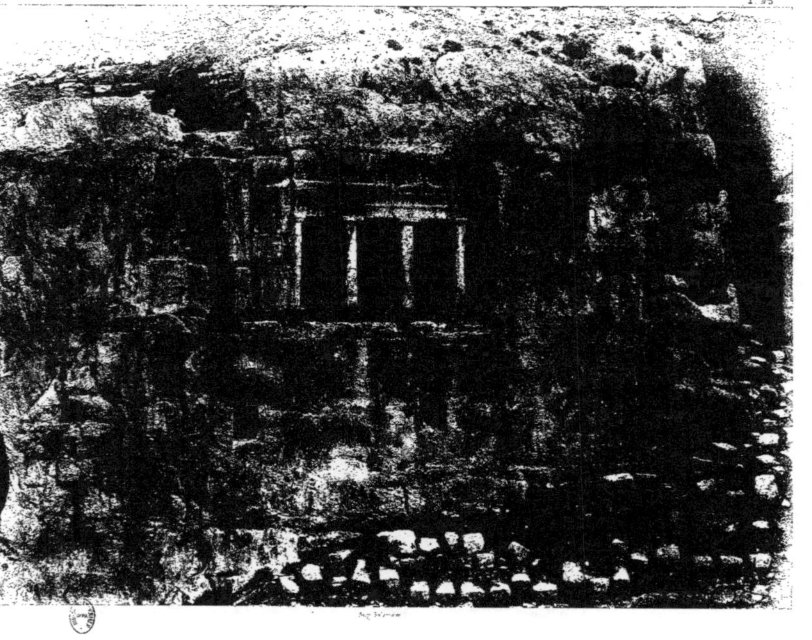

JÉRUSALEM

VALLÉE DE JOSAPHAT

Tombeau de Saint Jacques

1. 46

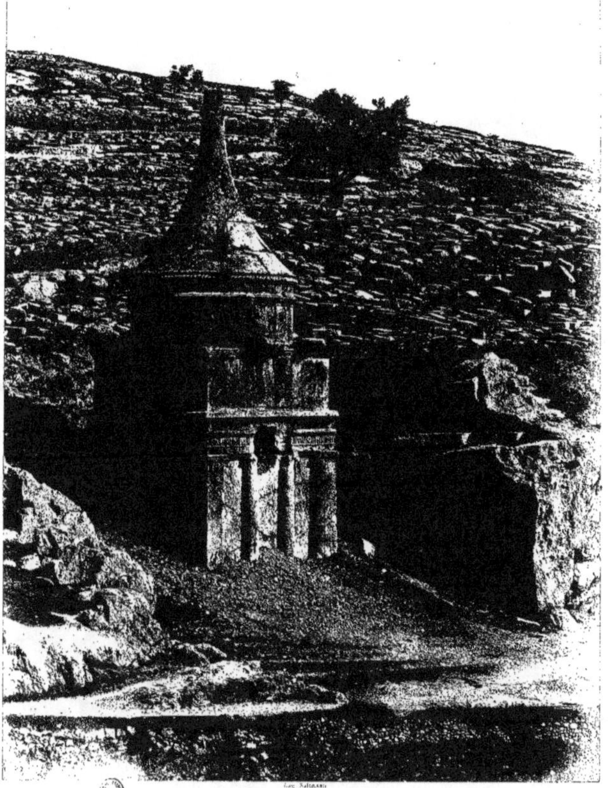

JERUSALEM

VALLÉE DE JOSAPHAT

Tombeau d'Absalom

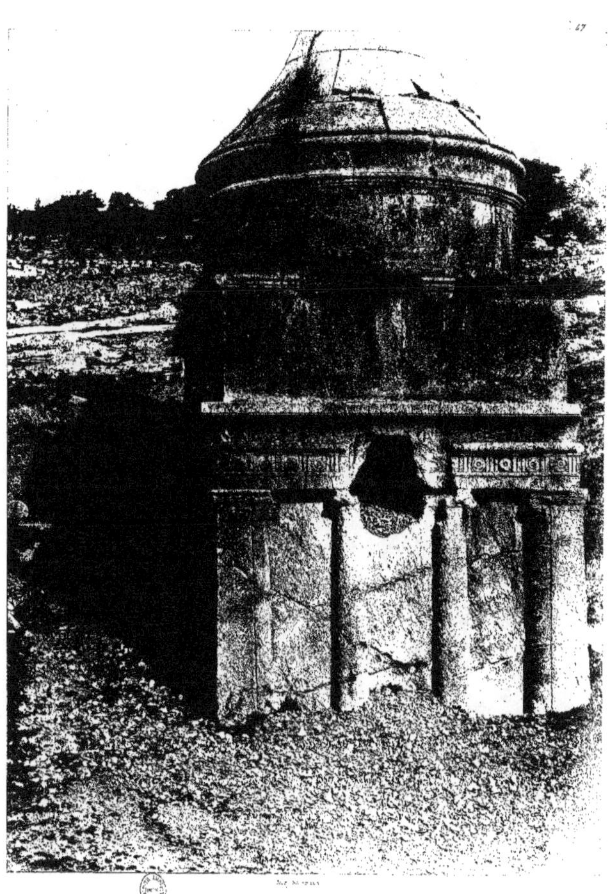

Aug. Salzmann

JÉRUSALEM

VALLÉE DE JOSAPHAT

Détails du tombeau d'Absalom

Gide et J. Baudry, éditeurs

Imp. Photogr. de Blanquart-Evrard, à Lille

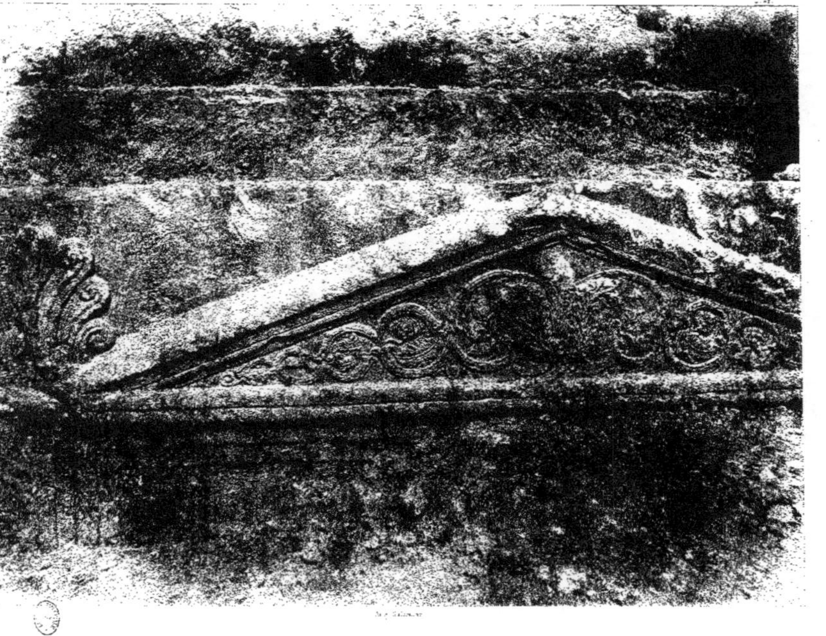

Aug. Salzmann

JÉRUSALEM

VALLÉE DE JOSAPHAT

Fronton du Tombeau de Josaphat.

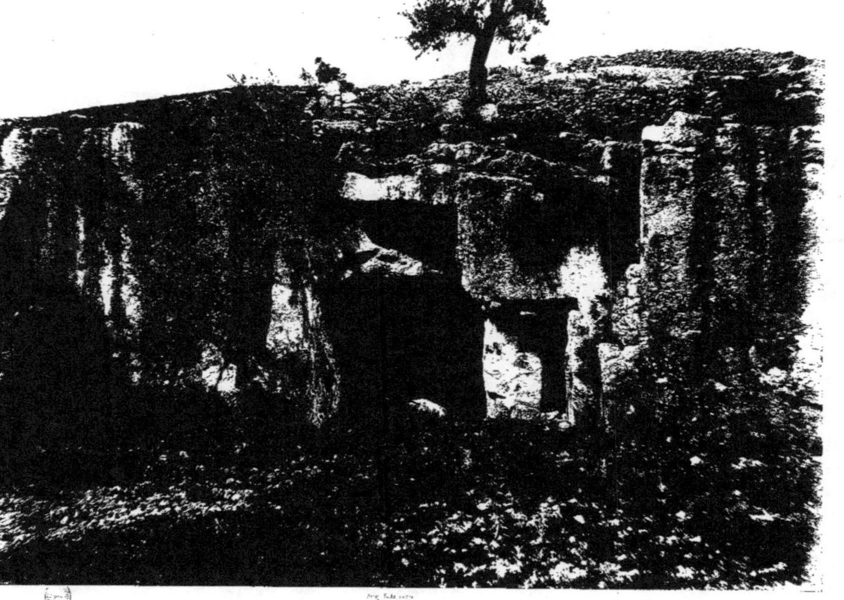

JÉRUSALEM

VALLÉE DE JOSAPHAT

Grotte sépulcrale

Aug. Salzmann

JÉRUSALEM

VALLÉE DE JOSAPHAT

Grottes sépulcrales

2

Gide et J. Baudry, éditeurs

Imp. Photogr. de Blanquart Evrard, à Lille

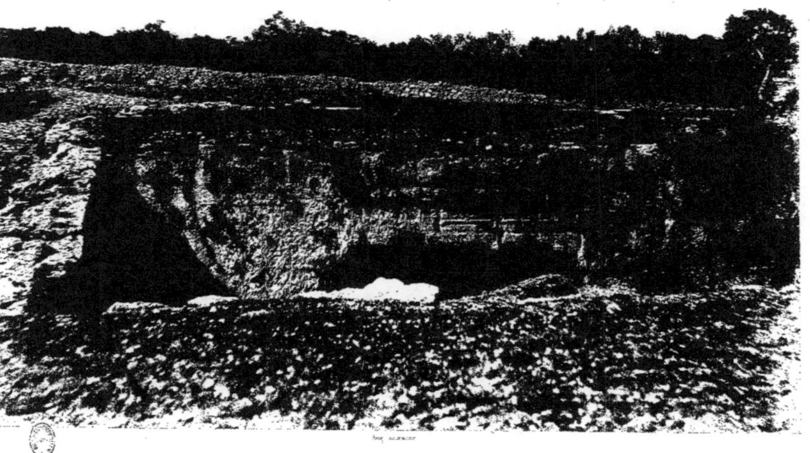

JÉRUSALEM

TOMBEAU DES ROIS DE JUDA

Cour extérieure

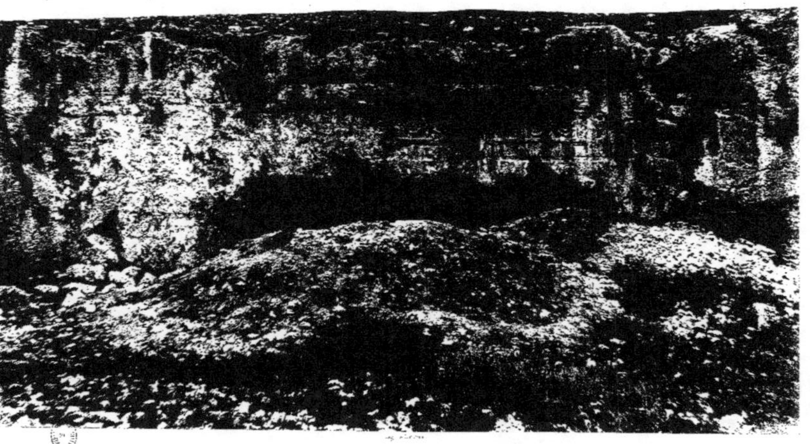

JÉRUSALEM

TOMBEAU DES ROIS DE JUDA

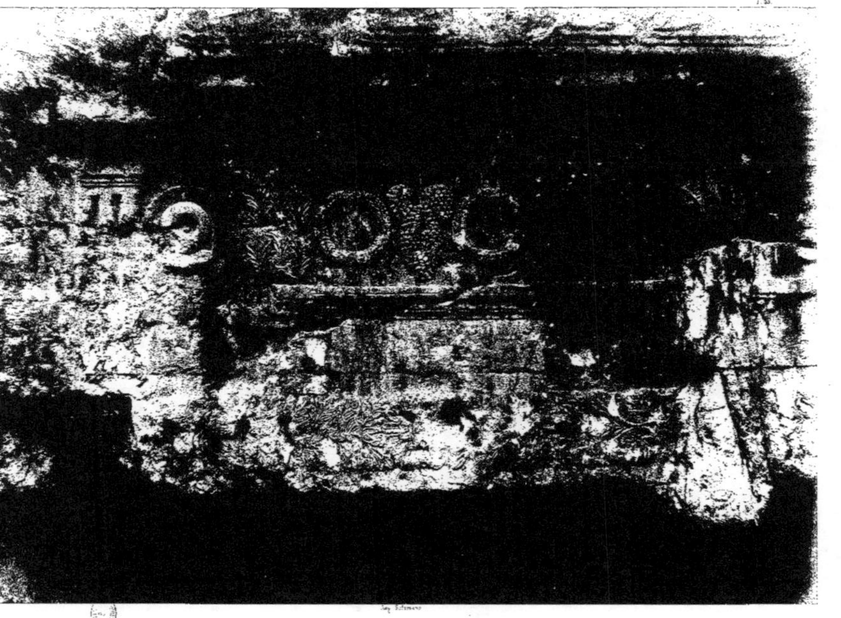

JÉRUSALEM

TOMBEAU DES ROIS DE JUDA

Frise supérieure et centrale.

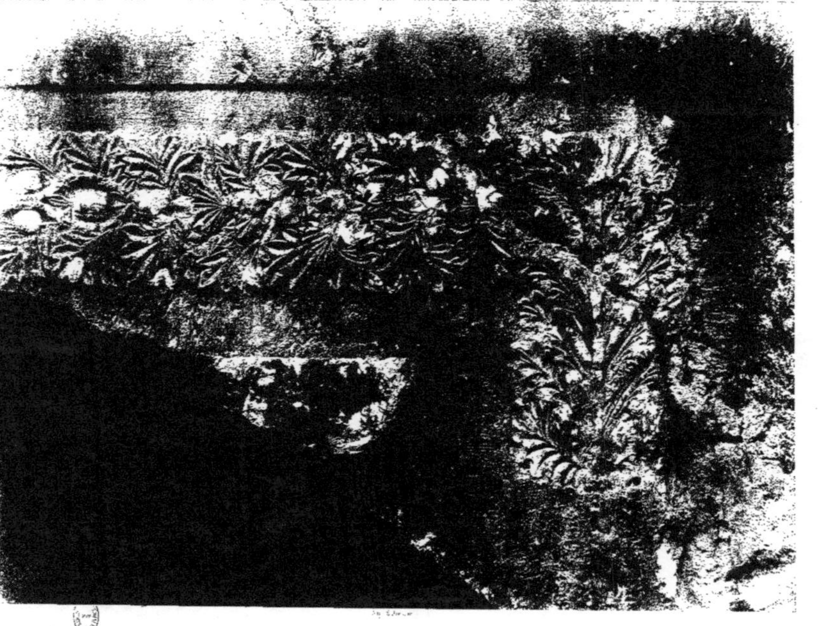

JÉRUSALEM

TOMBEAU DES ROIS DE JUDA

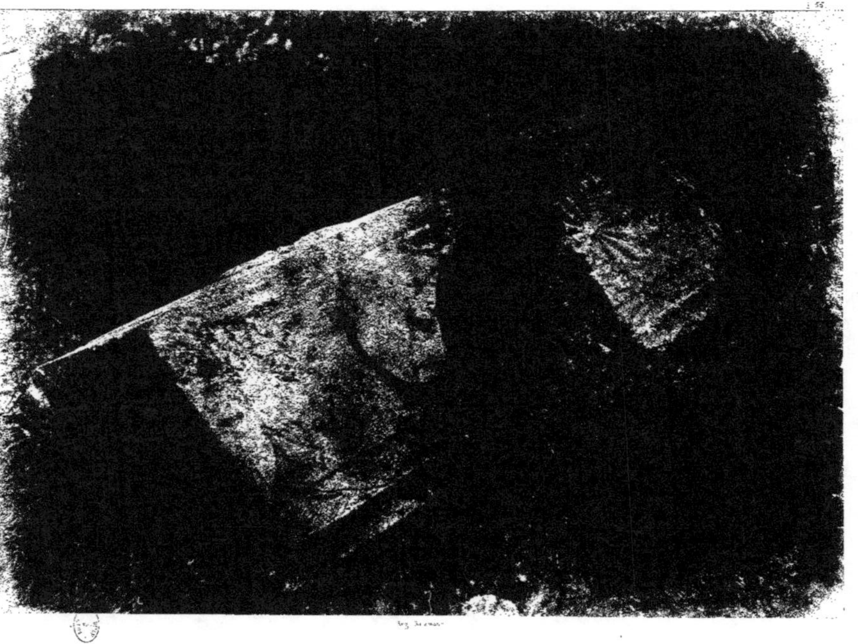

Aug. Salzmann

JÉRUSALEM

TOMBEAU DES ROIS DE JUDA

Fragments d'un sarcophage

I. 56.

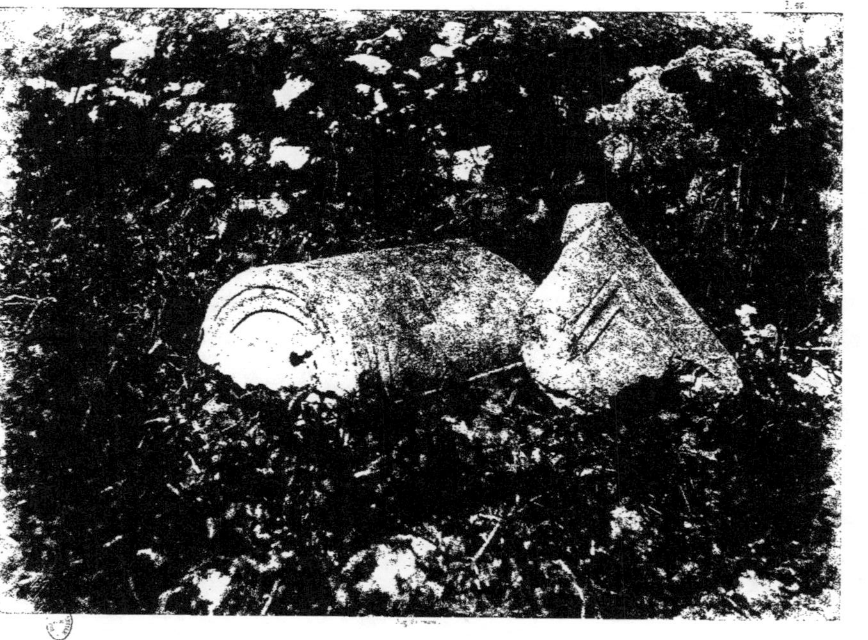

JÉRUSALEM

TOMBEAU DES ROIS DE JUDA

Couvercle d'un sarcophage et fragment d'une porte en pierre

1. 67

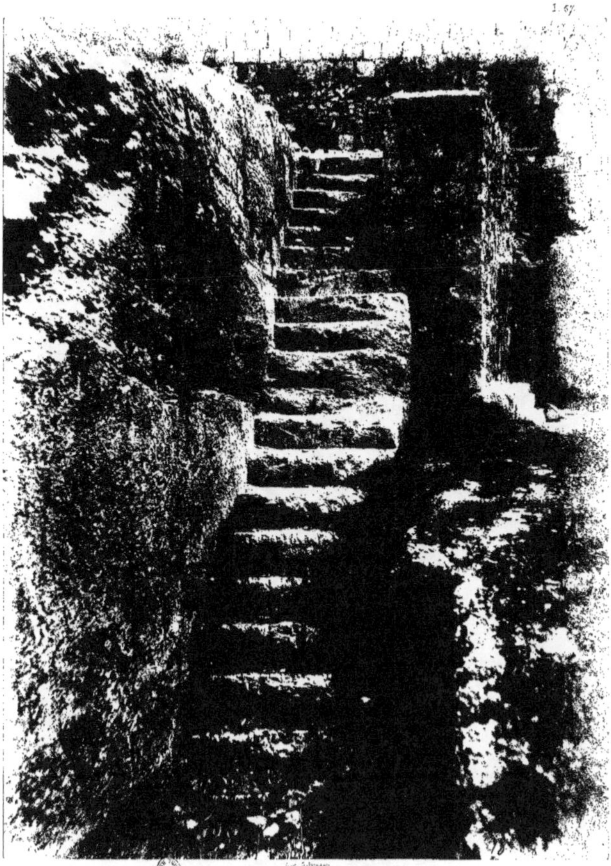

Aug. Salzmann

JÉRUSALEM

ESCALIER ANTIQUE TAILLÉ DANS LE ROC

conduisant à l'ancienne Porte du [illegible]

I. 53.

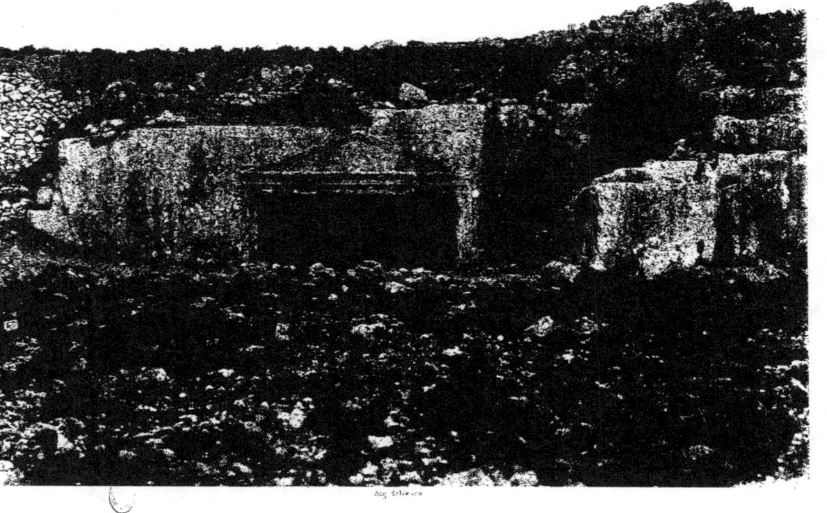

Aug. Salzmann

JÉRUSALEM

TOMBEAU DES JUGES

Vue générale

I. 59

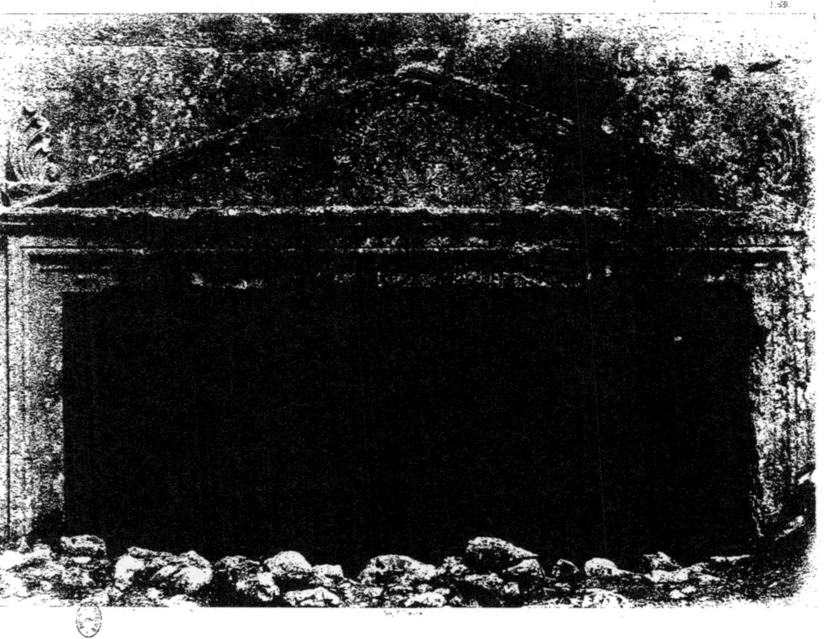

JÉRUSALEM

TOMBEAU DES JUGES

I. 60.

JÉRUSALEM

TOMBEAU JUIF

à trois milles Nord-Nord-Ouest de Jérusalem

1 a.

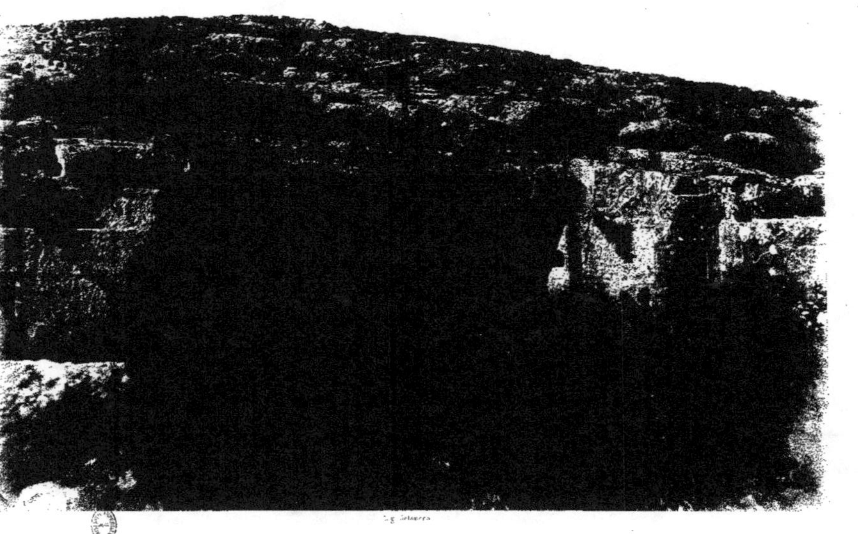

JÉRUSALEM

TOMBEAU JUIF

Détails

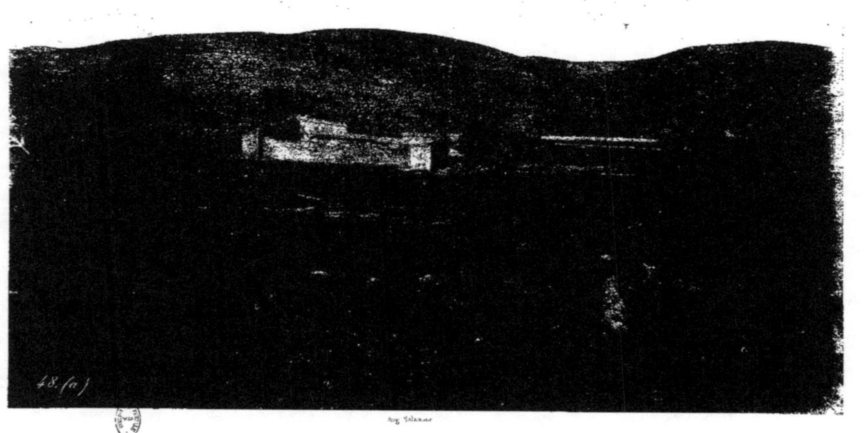

Aug. Salzmann

JÉRUSALEM.

VASQUES DE SALOMON

Vue générale

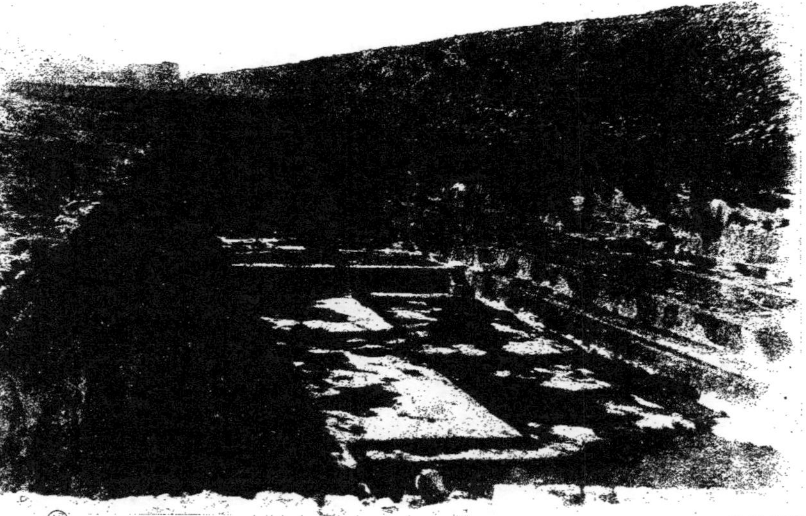

JERUSALEM

VASQUES DE SALOMON

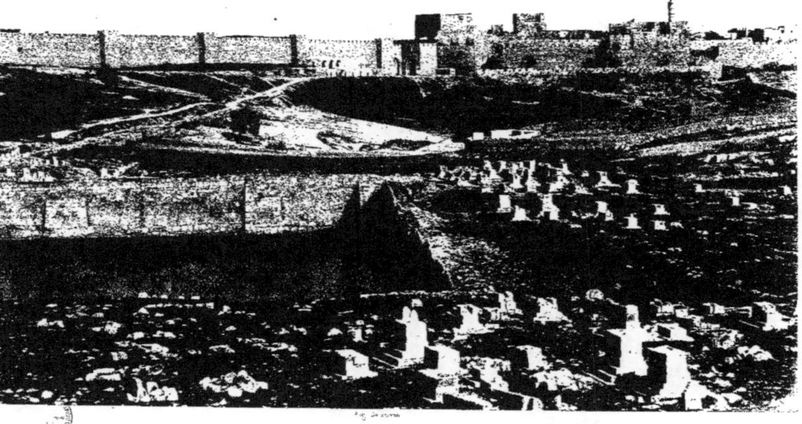

JÉRUSALEM

BIRKET MAMILLAH

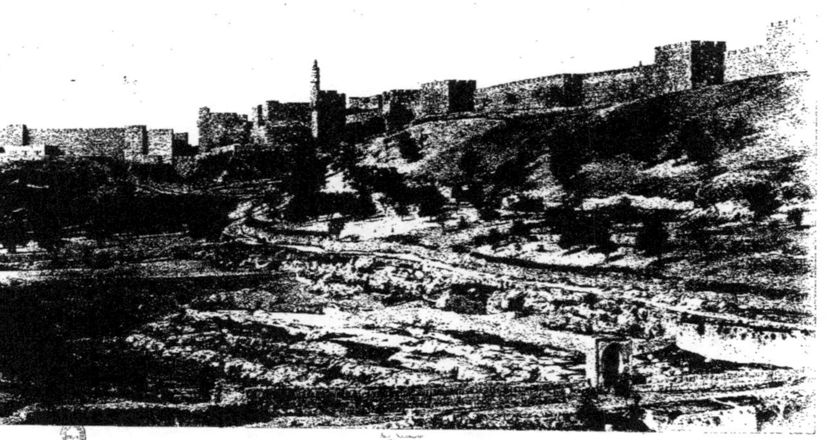

JÉRUSALEM

BIRKET-ES-SOULTAN

Pl. 65.

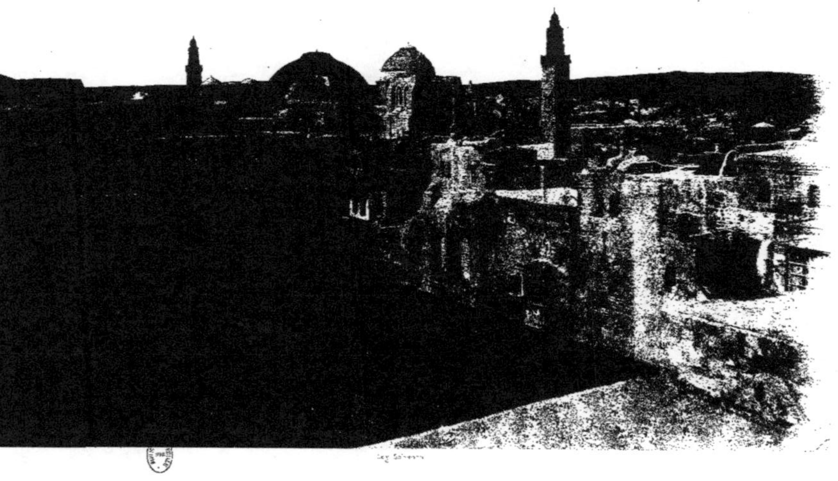

JÉRUSALEM

BIRKET-HAMMAM-EL-BATRAK

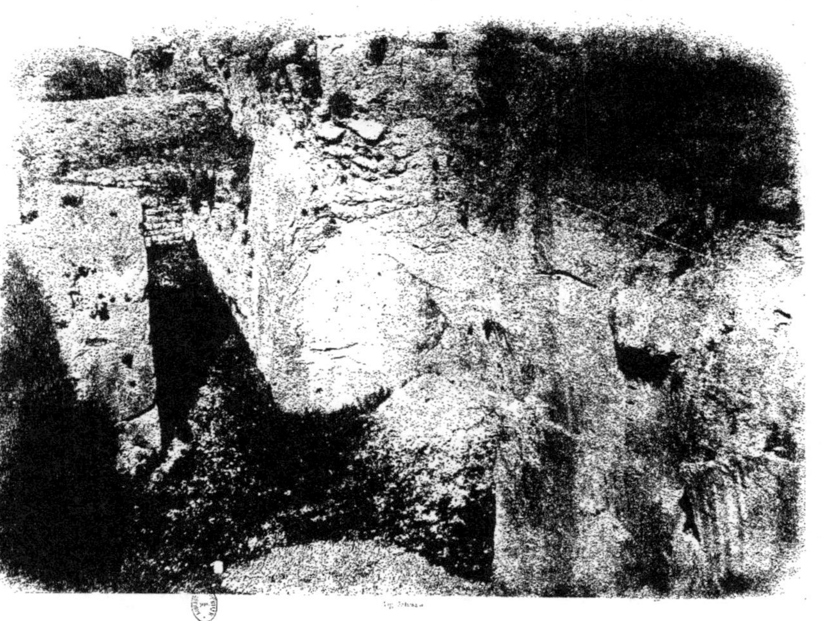

JÉRUSALEM

CARRIÈRE À LA PORTE DE DAMAS

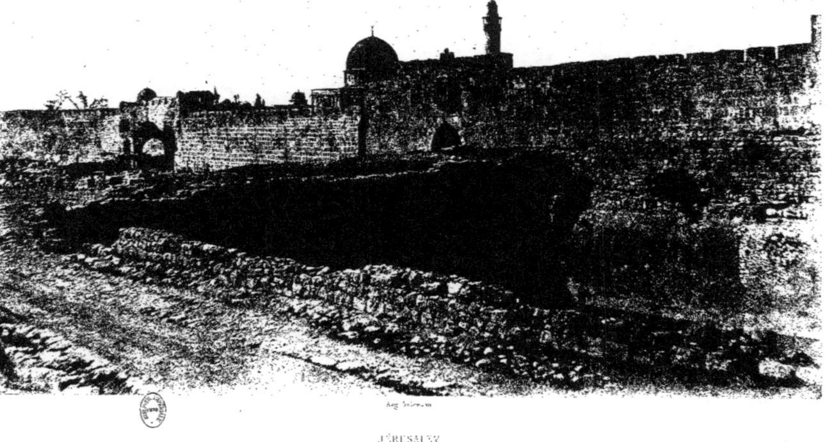

Aug. Salzmann

JÉRUSALEM

BIRKET-HAMMAM-SETY-MARIAM

Gide et J. Baudry, éditeurs.

Imp. Photogr. de Blanquart Evrard, à Lille.

I. 69.

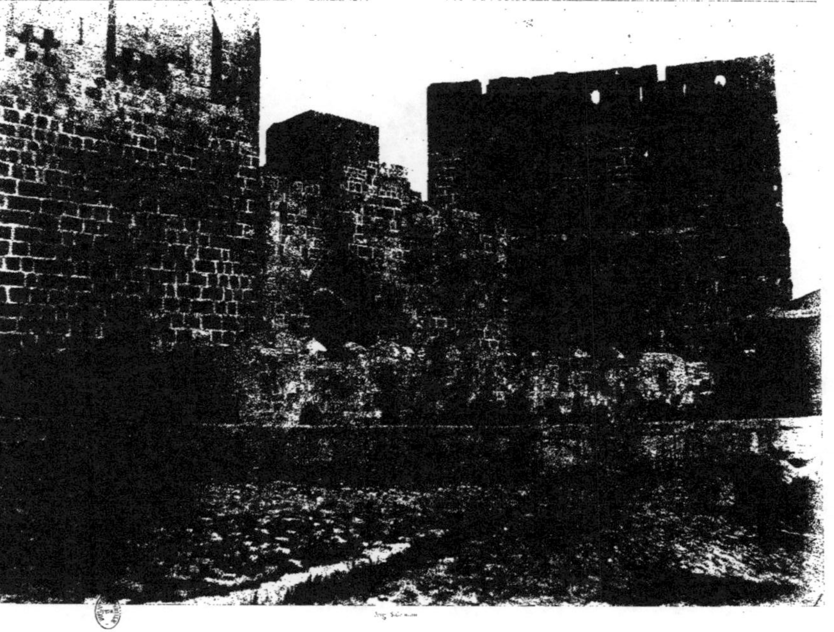

JÉRUSALEM

TOUR DE DAVID

70

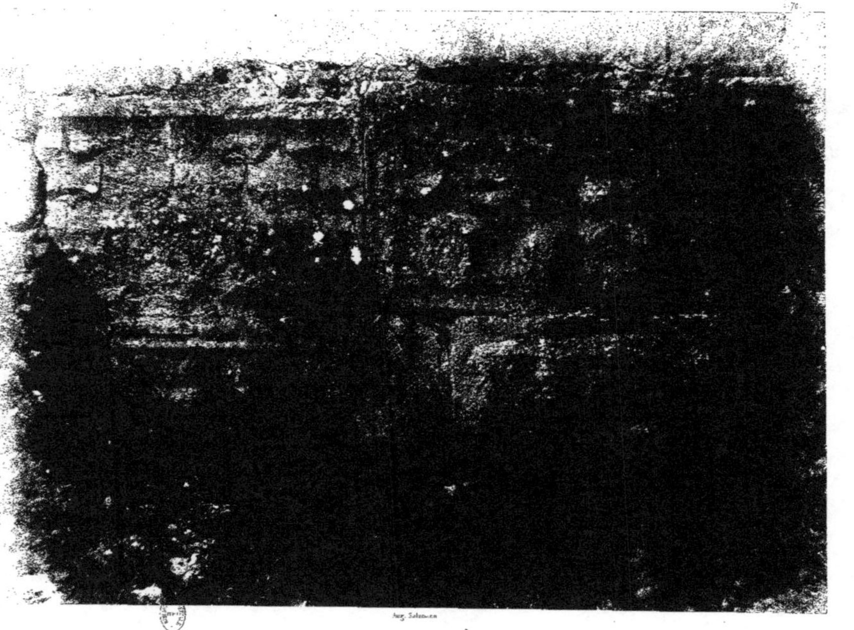

Aug. Salzmann

JÉRUSALEM

RESTES DE SCULPTURES JUDAÏQUES

Gide et J. Baudry, éditeurs. | Imp. Photogr. de Blanquart Evrard, à Lille.

I. 71.

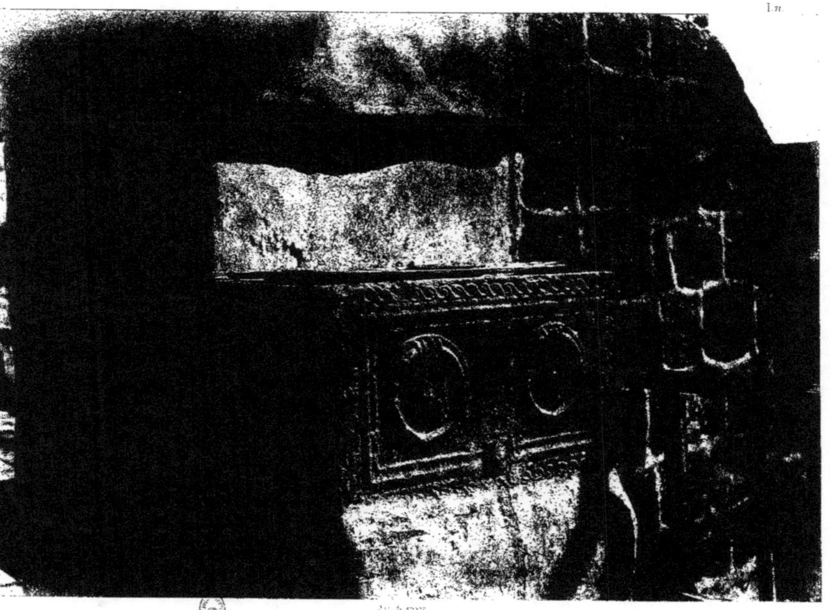

Aug. Salzmann

JÉRUSALEM

SARCOPHAGE JUDAÏQUE

Gide et J. Baudry, éditeurs.

Imp. Photogr. de Blanquart-Evrard, à Lille.

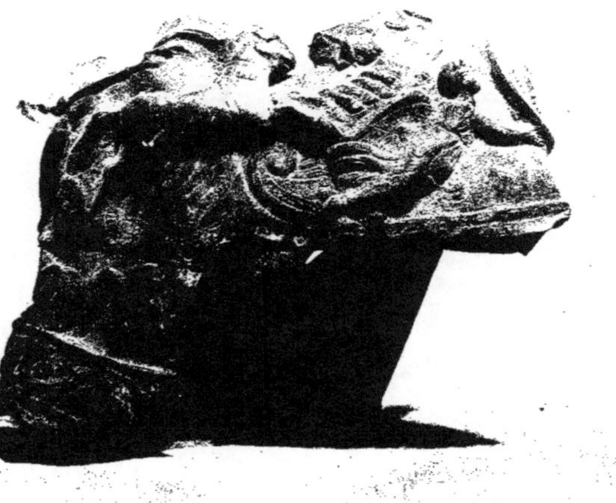

JÉRUSALEM

CASQUE TROUVÉ DANS LE JOURDAIN

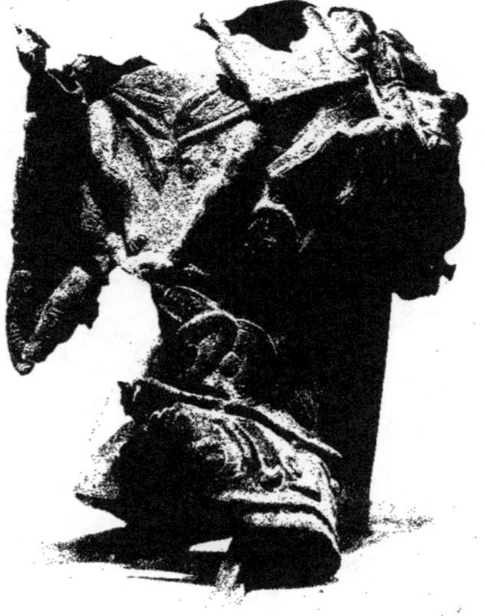

JÉRUSALEM

CASQUE TROUVÉ DANS LE JOURDAIN

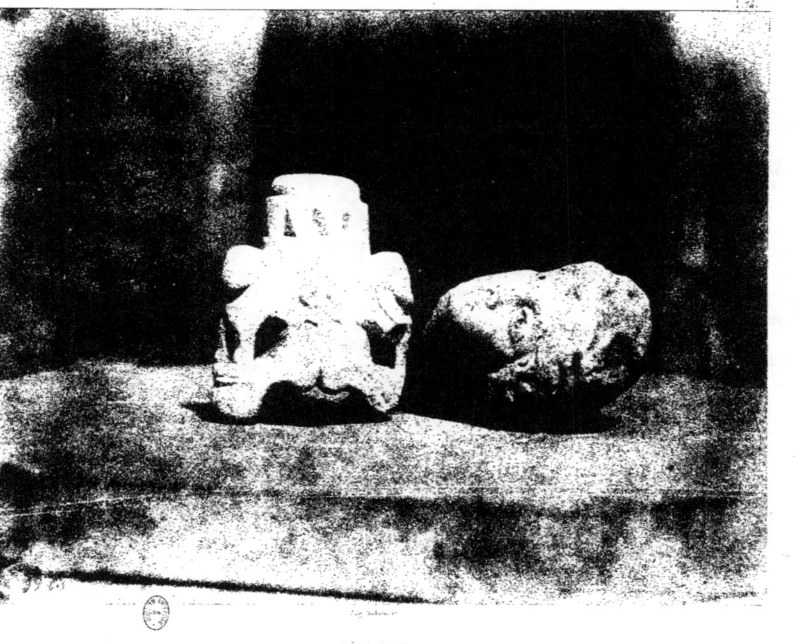

JÉRUSALEM

FRAGMENTS JUDAÏQUE ET ROMAIN

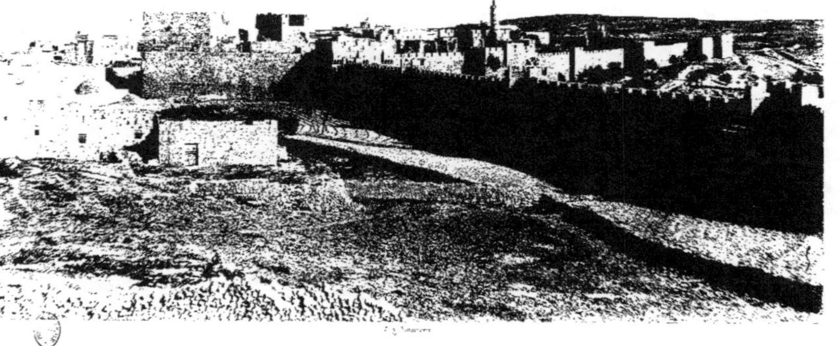

JÉRUSALEM

FORTERESSE DE SION

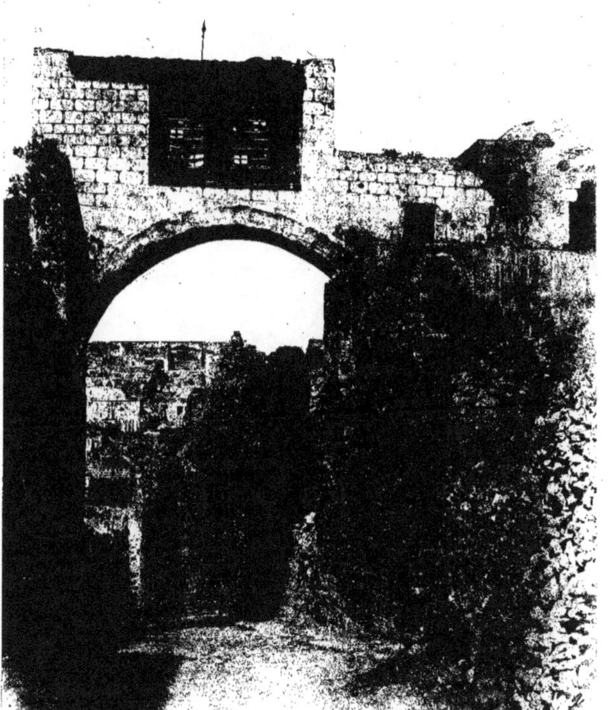

JÉRUSALEM

ARC DE L'ECCE HOMO

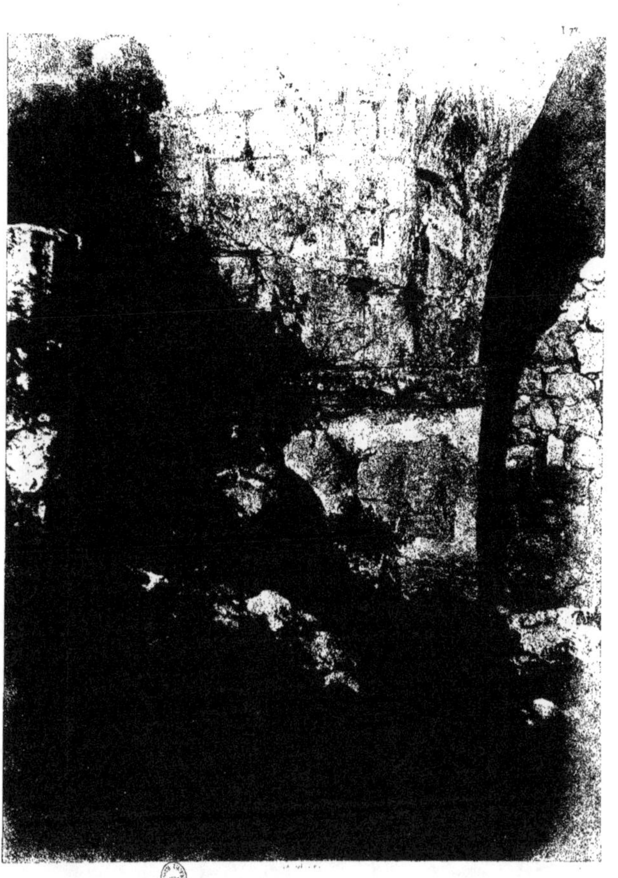

JERUSALEM

ARC DE L'ECCE HOMO

Détails

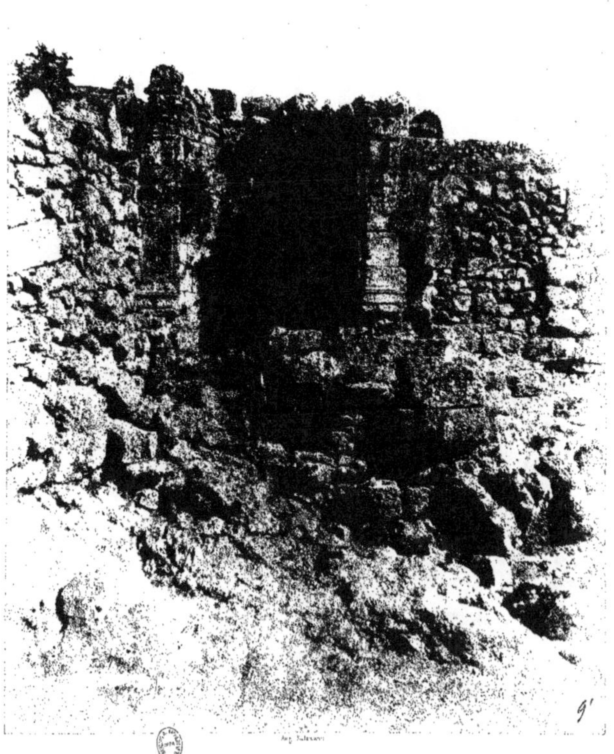

Aug. Salzmann

JÉRUSALEM

FONTAINE DE SAINT PHILIPPE

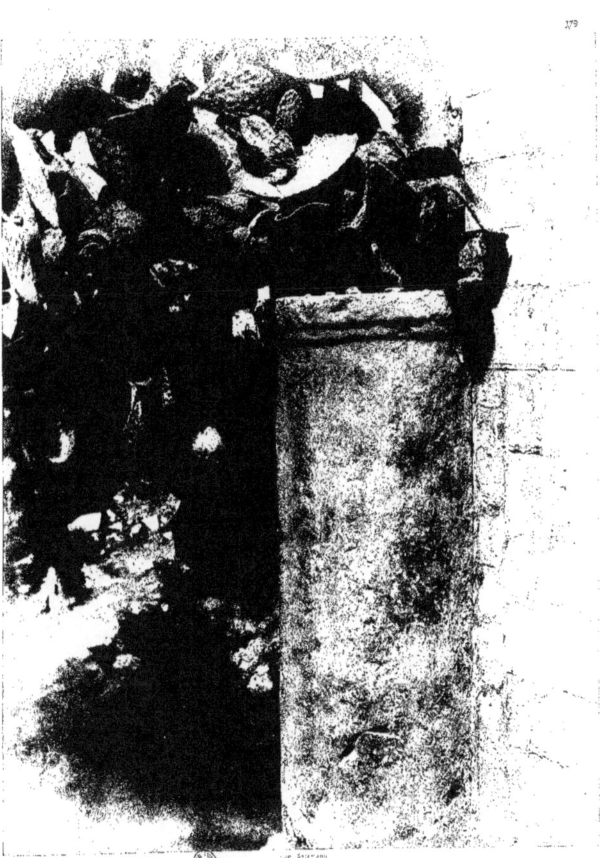

JÉRUSALEM

COLONNE DE LA PORTE JUDICIAIRE

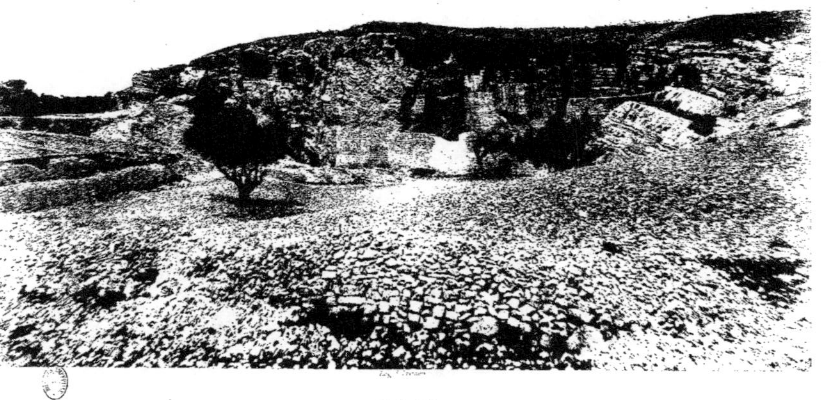

JÉRUSALEM

GROTTE DE JÉRÉMIE

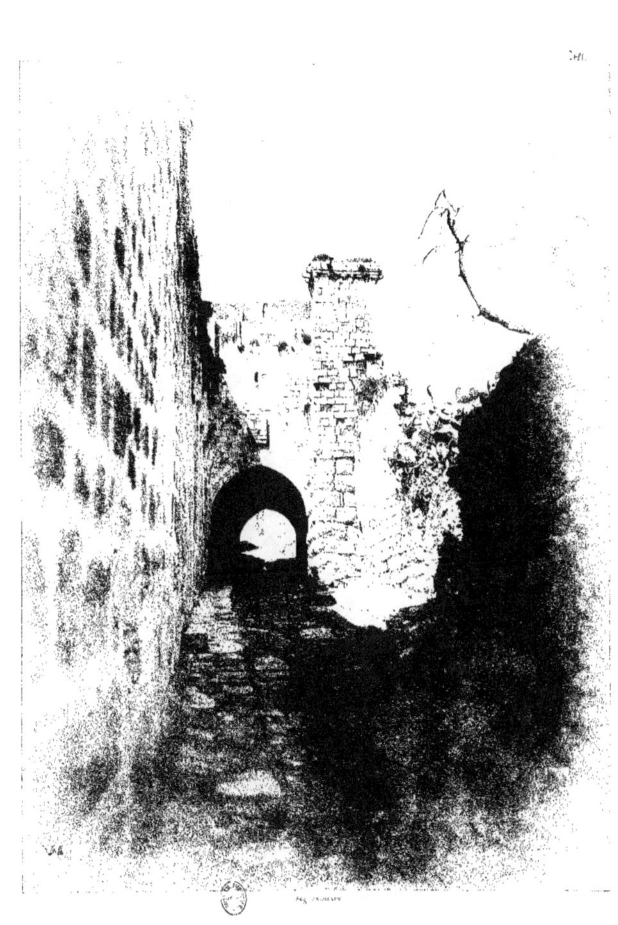

JÉRUSALEM

VIA DOLOROSA

(Partie antique)

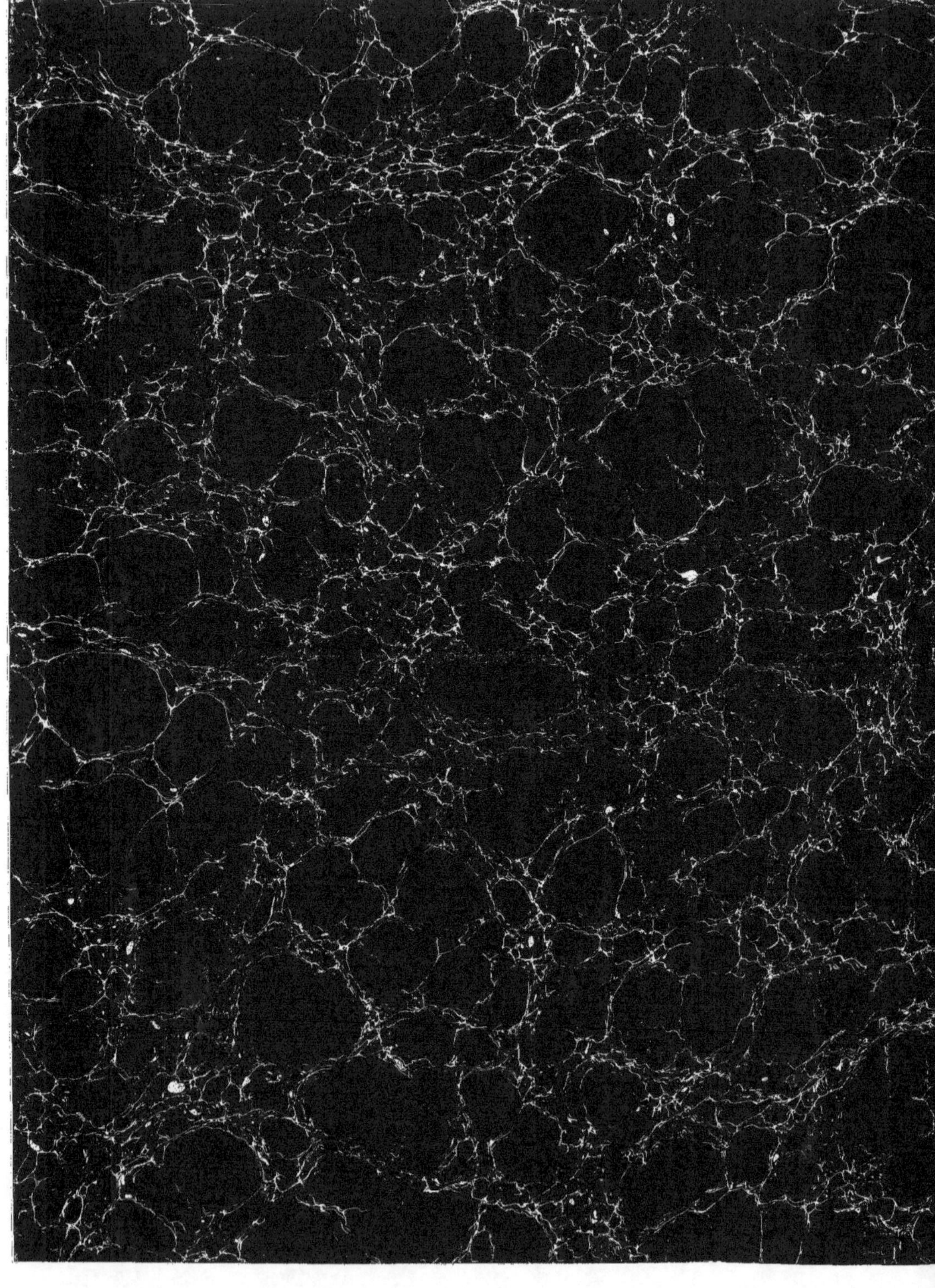

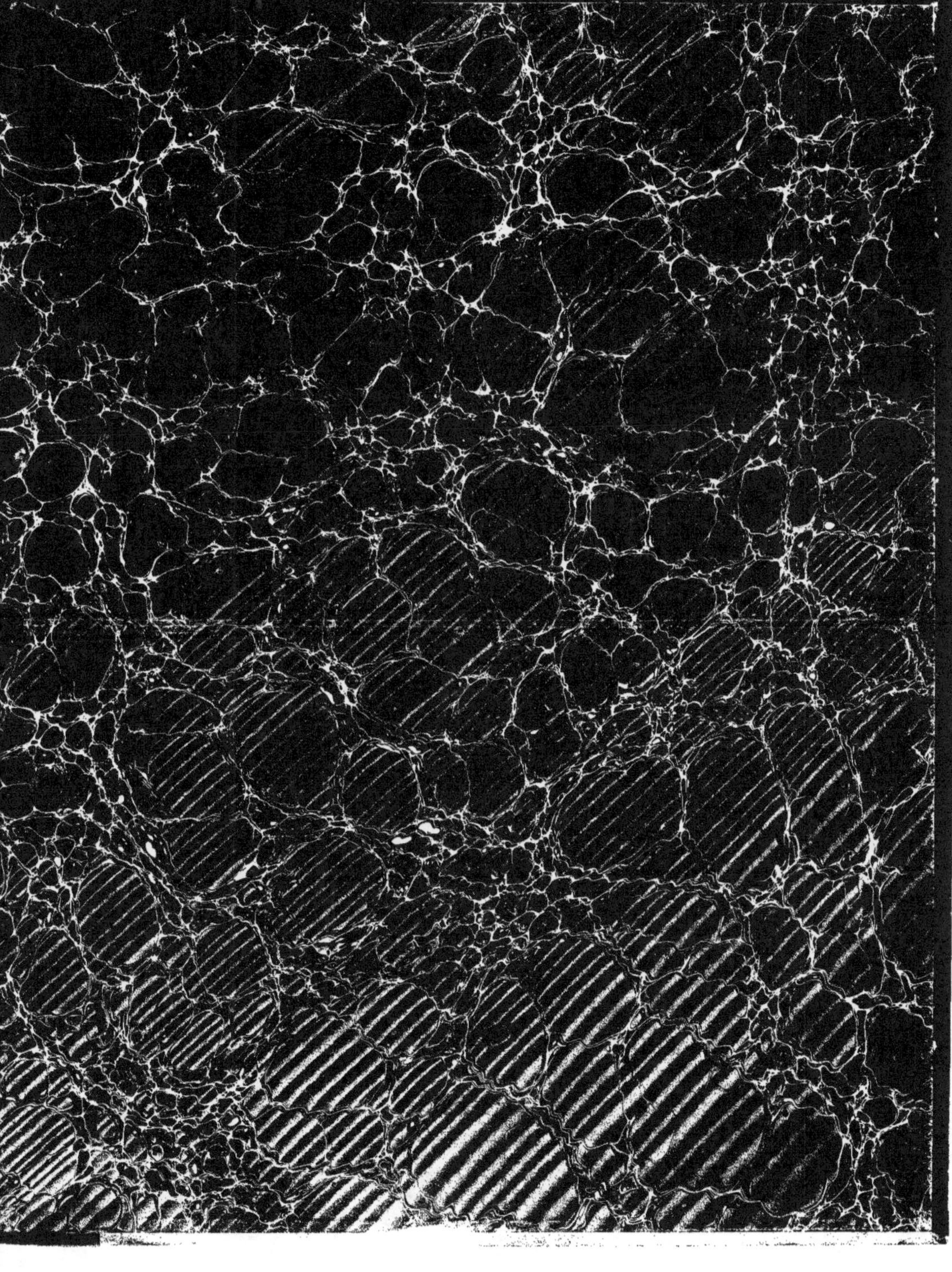

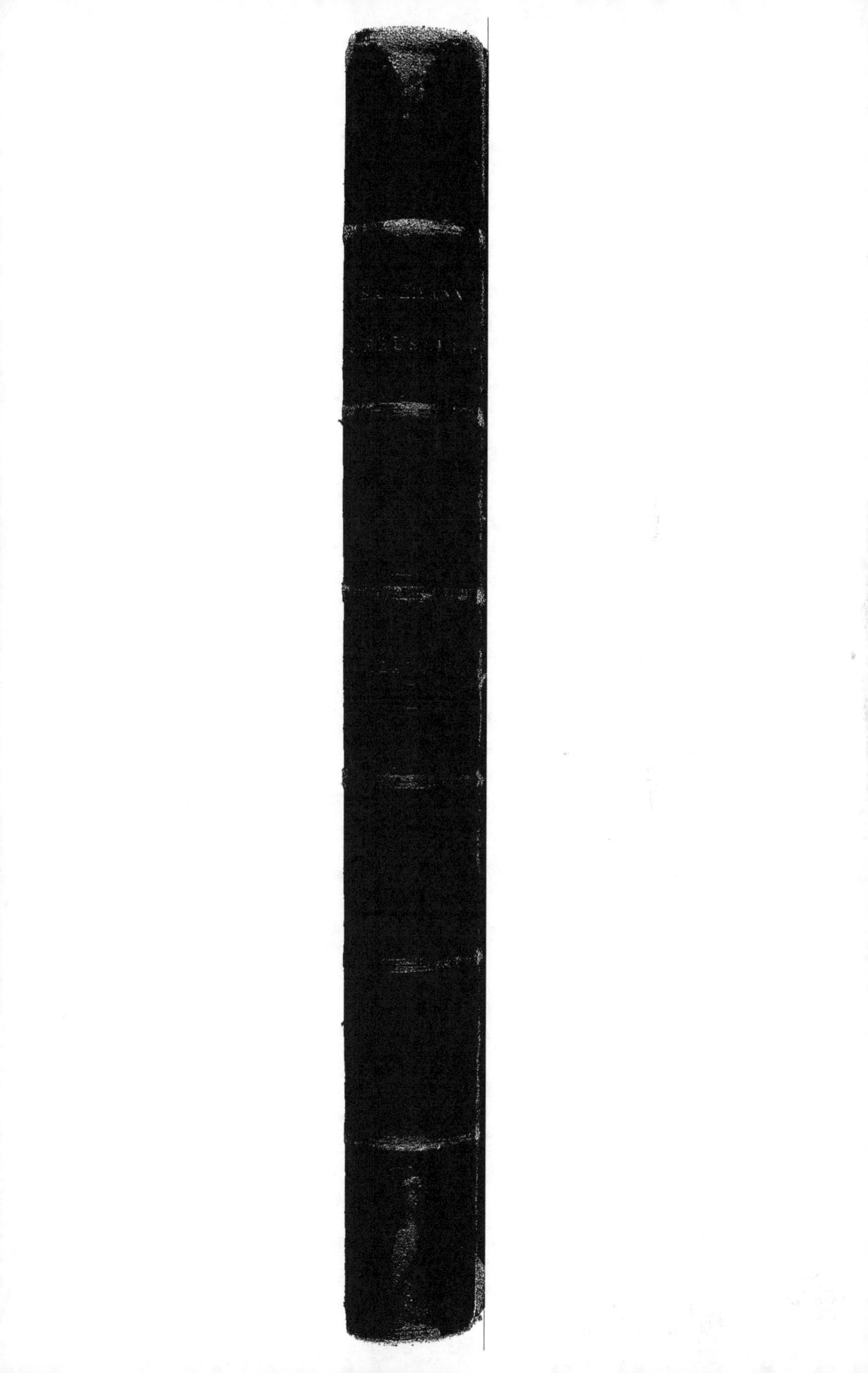

www.ingramcontent.com/pod-product-compliance
Lightning Source LLC
LaVergne TN
LVHW010606110826
845149LV00003B/787

9782011338037